Werkstatt Neue Kultur
Zur Neuen Kultur

Werkstatt Neue Kultur

Projekt- und Bildungs-Werkstatt für eine neue Kultur

Die festen Mitarbeiter:

Andreas Poggel: Mediation & Gewaltfreie Kommunikation
Christoph W. Rosenthal: Projekte – Forschung – Kunst

www.werkstatt-neue-kultur.net

Werkstatt Neue Kultur

Hg. Christoph W. Rosenthal & Andreas Poggel

Zur

Neuen Kultur

Edition Neue Kultur

Bibliografische Information der Deutschen Nationalbibliothek:
Die Deutsche Nationalbibliothek verzeichnet diese Publikation
in der Deutschen Nationalbibliografie; detaillierte bibliografische Daten sind im Internet über http://dnb.dnb.de abrufbar.

Verlag: BoD • Books on Demand GmbH, In de
Tarpen 42, 22848 Norderstedt
Druck: Libri Plureos GmbH, Friedensallee 273,
22763 Hamburg

ISBN: 978-3-7597-3722-9

Aufriss

Das Thema **Neue Kultur** bündelt die Auseinandersetzung mit der positiven Perspektive der historischen Entwicklung, so in der Achtung der Persönlichkeit des Menschen ungeachtet der Hautfarbe usw., einer Gleichwertigkeit der Geschlechter und einem fairen, demokratisch aufgebauten Sozialleben ohne Gewalt und ohne soziale und ökologische Ausbeutung, wie wir dies etwa in unserem Werk >Telotopia< in einem Beispiel als einem >kulturarchitektonischen Entwurf einer wünschenswerten Kultur der Zukunft< vorstellen.

Als Programmatik steht die >Würde des Menschen< wohl bereits länger im Raum. Doch wäre es eine verhängnisvolle Fehleinschätzung, sie bei uns bis auf Ausnahmen bereits verwirklicht zu sehen. Damit soll nicht das Engagement Vieler gering geschätzt werden. Doch stammt noch immer sehr viel unserer kulturellen und gesellschaftlichen Anlage aus einer Zeit, die von Macht, Gewalt, Sexismus, Rassismus und anderen Formen der menschlichen Entfremdung und sozialen Verwahrlosung geprägt war (Stichwörter >Patriarchat<, >Kapitalismus<, 3. Reich, Rüstungspolitik usw.). Vieles davon wird heute immer noch für völlig „natürlich" gehalten, und bei vielen Problemen wird noch immer angenommen, es ginge halt nicht anders oder nicht besser.

So positiv es auch ist, dass bereits eine andersartige Programmatik im Raum steht, so sind noch vielfältige Auseinandersetzungen und Entwicklungen notwendig, um den historisch entstandenen Problemen nicht zum Opfer zu fallen und die positive Programmatik über die bisherigen Anfänge zur vollen Verwirklichung zu bringen. Denn wenn es nicht gelingt, die positiven Tendenzen plausibler in den gesellschaftlichen Raum zu stellen, besteht die große Gefahr, dass der soziale, politische und ökonomische Unmut über unsere Verhältnisse allein den rechtspopulistischen Tendenzen zugutekommt.

Dies gilt umso mehr, als dass wir heute über die verschiedensten wissenschaftlichen und praktischen Erkenntnisse bzgl. der historischen Ursachen von Macht und Gewalt verfügen, die es gesellschaftlich und auch als Person noch zu bewältigen gilt. Doch gibt es inzwischen auch vielfältige Konzeptionen, Erfahrungen und praktische Möglichkeiten, mit denen sich die historisch entstandenen Probleme lösen lassen. Eine Neue Kultur als die Lösung der historischen Probleme und als positive Verwirklichung des menschlichen Potentials ist eine reale Möglichkeit, an sich auch binnen Kürze – ganz wie sich das Interesse daran verbreitet und qualifiziert.

Die **Werkstatt Neue Kultur** bietet einen – kleinen - Rahmen für persönliche und soziale Auseinandersetzungen mit der Neuen Kultur. Dieses Buch enthält einen kurzen Überblick über die neueren Erkenntnisse bzgl. der Ursachen der historischen Probleme sowie über einige bisherige Ansätze der Entwicklung einer Neuen Kultur. Ziel dieses Buchs ist, neue Einsichten in Bezug auf die Neue Kultur einzubringen und Impulse dafür zu Weiterentwicklungen auf einem neueren Stand zu bieten.

Eine entscheidende Grundlage ist für uns die Entwicklung einer besseren: menschlich zugewandteren, bewussteren und konfliktfähigeren Kommunikation, wie sie etwa anhand der Konzeption der >Gewaltfreien Kommunikation< nach M.B. Rosenberg entwickelt werden kann. Denn wenn wir uns unserer tatsächlichen Bedürfnisse bewusster werden und wir diese gegenseitig kommunizieren können, haben wir schon eine Basis an Neuer Kultur.

Inhaltsverzeichnis

Der Mensch als kommunikatives und kulturelles Wesen

„Unser Gehirn ist also ein soziales Produkt und als solches für die Gestaltung von sozialen Beziehungen optimiert. Es ist ein Sozialorgan. Erst in einer derartigen entwicklungsbezogenen Perspektive bekommt man in den Blick, dass menschliche Gehirne Organe sind, die ausschließlich in einem Netzwerk von anderen Gehirnen überlebens- und entwicklungsfähig sind.
[…]
Zeitlebens sucht jeder Mensch nach Beziehungen, die es ihm ermöglichen, sich gleichzeitig als verbunden und frei zu erleben."

Der Gehirnforscher Gerald Hüther: Was wir sind und was wir sein könnten, S. 44, 46

Vorwort

Weder rasen wir auf eine unvermeidbare Katastrophe zu, noch können die historischen Probleme wie Faschismus und Krieg schon als überwunden und weit entfernt betrachtet werden. Der Gegensatz dieser Positionen basiert auf unserem bislang falschen Weltgeschichts-Bild, von woher die Vorteile oder aber die Problematiken der heutigen Globalisierung als einem schon alten historischen Prozess zu übermäßig ins Auge springen.

Unser Ansatz unter dem Stichwort >Neue Kultur< basiert auf einer langen und grundlegenden Auseinandersetzung mit den menschlichen Grundlagen, dem humanevolutionären Prozess und der historischen Entwicklung. Hier sind in den letzten Jahren in den Wissenschaften völlig neue Einsichten entstanden, die zeigen, aus welchen Gründen in den historischen Neuentwicklungen neben den Fortschritten (nicht erst seit dem >Kapitalismus<) auch Probleme aufgekommen sind.

Gleichzeitig sind neue Einsichten und Erfahrungen entstanden, wie sich die historischen Probleme von Gewalt, Macht, Sexismus, Rassismus, Umweltzerstörung lösen und produktive Sozialverhältnisse entwickeln lassen. Eine Neue Kultur ohne die historischen Probleme ist inzwischen eine reale Möglichkeit, auch in absehbarer Zeit. Doch ist schon heute erheblich mehr an Lebens-Qualität möglich.

Diese neuen Einsichten möchten wir mit der >Werkstatt Neue Kultur< ins Gespräch bringen und damit Entwicklungen an Neuer Kultur anregen. Das Thema >Neue Kultur< erscheint uns dafür von Bedeutung, eine neue Linie in den gegenwärtigen Prozessen der historischen Entwicklung aufzuzeigen, nachdem z.B. das Thema Sozialismus verblasst ist, weil sich damit aufgrund des früheren Weltgeschichts-Bildes einige grundlegend falsche Vorstellungen verbanden.

Doch wie das frühere Thema >Sozialismus< zeigt, ist es von entscheidender Bedeutung, eine solche neue Linie angesichts der Menge der Neueinsichten, sozialen Prozesse, Themen und Möglichkeiten in den Blick zu bekommen. Denn erst, wo die ganzen Neuansätze *gesellschaftlich* übergreifender gebündelt und integriert werden können, werden sie in Hinsicht auf die entscheidenden historischen Probleme relevant und wirksam. Für diese Bündelung erscheint uns das Stichwort >Neue Kultur< derzeit am besten geeignet.

Hinter diesem Buch stehen umfassende langjährige Auseinandersetzungen und Erfahrungen. Alle hier angesprochenen Inhalte – von der Humanevolution bis zu den Aspekten von Kommunikation und Sprache - können in unserer Literatur weiter verfolgt und vertieft werden (s. die eigene Literatur am Ende dieses Buchs).

Mit diesem kleinen Buch möchten wir einen ersten Gesamtüberblick vermitteln, wie sich uns die historischen Probleme erklären und wie wir die Ansätze und die Perspektive bzgl. der >Neuen Kultur< sehen. Hierbei stellt sich eine erstaunliche Parallele zu dem humanevolutionären Prozess dar. Auf jeden Fall sehen wir die Neue Kultur als eine echte Möglichkeit, in ihren Ansätzen auch schon heute.

Für die Werkstatt Neue Kultur

Christoph W. Rosenthal & Andreas Poggel

Was für uns auch
zur Neuen Kultur
gehört:
Fotos von unseren
Experimenten und
Unternehmungen

Vorwort II   von Ch. Rosenthal

Das Thema >Neue Kultur< beschäftigt mich im Grunde schon seit meiner Kindheit. Dies begründete sich einerseits in den familiären Folgen des 2. Weltkrieges und andererseits in den bei uns schon älteren familiengeschichtlichen Tendenzen, anders als hier üblich leben zu wollen. So entstand bei mir von klein auf an neben dem Interesse am Kreativen und Kulturellen auch das an Geschichte und anderen Kulturen wie etwa die >Indianer<.

Diese Thematik wurde für mich 1980 in neuer Form akut, als einerseits nach dem Zusammenbruch der Entspannungspolitik die Gefahr eines Weltkrieges in den Raum trat und sich andererseits für mich im Kontext der >Alternativ-Bewegung< einige reizvolle Möglichkeiten zu einer anderen Art zu leben eröffneten (→ S. 82 ff.).

Es war jedoch wohl meine familiär ererbte Bewusstseinsanlage mit Krieg wie mit Utopie, dass für mich weder eine bloß politische Ausrichtung noch eine bloße alternative Privatidylle eine Möglichkeit waren. Von daher versuchte ich die verschiedenen Gesichtspunkte zu einem Lebensstil zu integrieren. Doch sah ich mich hierbei mit sehr unterschiedlichen bis hin zu völlig entgegengesetzten Auffassungen konfrontiert (allein schon in politischer Hinsicht), dass ich einen grundlegenden Klärungsbedarf und die Notwendigkeit neuer Ansätze empfand.

In der Auseinandersetzung mit den unterschiedlichen Positionen fiel mir auf, dass diese mit entsprechend unterschiedlichen Geschichtsvorstellungen verbunden waren, sofern die historische Dimension überhaupt im Blick war. Als ich dies mit dem gängigen Geschichtsbild verglich, musste ich feststellen, dass der historische Prozess noch gar nicht als verstanden gelten konnte. So kam ich Mitte der 80er zu der Auseinandersetzung mit Humanevolution und Geschichte.

Ich verstehe diese Auseinandersetzung wie einstmals in der Erstellung einer zutreffenden Welt- und Landkarte, sozusagen gegenüber den bisherigen Karten mit der Erde als Scheibe. In Etlichem wurde ersichtlich, dass bei solch falschen Karten wie bisher leider gar nichts anderes zu erwarten war und ist, als dass sich die eingeschlagenen Wege als Irrtum erweisen und diese die anvisierten gesellschaftlichen Ziele nicht erreichen.

Auf jeden Fall steht das Thema >Neue Kultur< für mich mit den bisherigen Einsichten in Bezug auf Geschichte, Humanevolution und Humanwissenschaft in Verbindung. Die Neue Kultur ist für mich die Konsequenz dieser Einsichten in die menschliche Anlage sowie in den Prozess der bisherigen historischen Entwicklung (s. u.).

Auch liegt in einem solchen auf Fakten basierenden Fundament heute die entscheidende neue Chance und Alternative zu den historischen Mythologien, >Weltanschauungen< und ideologisch interessierten Behauptungen. Hier sind in jüngster Zeit in Bezug auf Geschichte, Humanevolution und die Humanwissenschaften (Psychologie, Neurologie usw.) grundlegendere Neueinsichten entstanden, die auch in Hinsicht auf eine neue Kultur von Bedeutung sind. In unserer >Werkstatt< bin ich für diesen Bereich zuständig, insofern bei der gemeinsamen Diskussion auch für die Abfassung dieses Buches.

Uns geht es nicht um Theorie an sich, und man muss sich bei uns nicht für diese diskursiven Auseinandersetzungen interessieren. Bei der Neuen Kultur geht es in erster Linie um ein neues Verhältnis zum Leben und im menschlichen Miteinander. Doch halte ich die neueren Einsichten in Bezug auf Humanevolution und Geschichte für eine bedeutsame Hilfe, die historisch entstandenen Probleme, mit denen wir zu tun haben, und die entsprechenden Lösungsansätze tiefer und genauer zu verstehen.

christoph

Trainerausbildung in Gewaltfreier Kommunikation,
lizenzierter Mediator BM®

www.poggel-kommunikation.de

Sexismus ist unsexy

Die Experimente mit den Schreibungen wie *LehrerInnen, Lehrer:in, Lehrer*in* usw. sind interessant. Doch insgesamt denkt dies in die falsche Richtung. Das Sexismus-Problem steckt u.a. bereits in dem grammatischen Geschlecht, das entsprechend wie im Englischen und Niederländischen abzuschaffen ist, wie *the teacher – de Lehrer*. *Lehrer* ist nicht „männlich", sondern (mit Einheitsartikel) das (funktionelle) Substantiv zu *lehren*. Eine Weiterentwicklung der Sprache gehört zu den Bereichen der Neuen Kultur.

Hinweis:
- Im Unterschied zu den **runden Klammerzeichen** (…) sind die **eckigen** Klammerzeichen […] *in Zitaten* Ausdruck meiner Bearbeitung [= CR]. Dies schließt auch mitunter eine Bemerkung [*kursiv abgesetzt*] ein. Dies wird an den Stellen nicht jeweils vermerkt.

1 Zu dem Thema >Neue Kultur<

Wir befinden uns in einem fundamentalen historischen Umbruch. Es ist durchaus auch gut, dass inzwischen diesbezüglich gewisse Krisen-Gefühle aufgekommen sind, wurde diese Entwicklung zuvor erheblich zu naiv, ahnungslos und leichtfertig (z.B. auf Kosten der „3. Welt" und der Natur) aufgenommen. Dabei sind die nun in den öffentlichen Blick geratenen Probleme an sich schon seit langem (19. Jh.) bekannt.

Ohne die tatsächlich bestehenden Problematiken in irgendeiner Form unterschätzen zu wollen, so soll hier doch darauf aufmerksam gemacht werden, dass der gegenwärtige Umbruch auch eine positive Seite hat und dass sich mit der entstandenen Krise auch höchst bedeutende Chancen verknüpfen.

Die positive Seite dieses *Umbruchs* soll hier aus sehr bestimmten Gründen insgesamt unter der Bezeichnung >Neue Kultur< in den Raum gestellt werden. Gerade von einem Gesamtüberblick über die humanevolutionäre und die historische Entwicklung wird ersichtlich, dass es sich hierbei alles andere als um Nebensächlichkeiten handelt. Es geht hier vielmehr um den Kernbereich der menschlichen Existenz in Persönlichkeit und Gesellschaft. Es sind hier mit der historischen Entwicklung neben den Fortschritten auch substanziell ruinöse Probleme entstanden, deren heutige Größenordnung Lösungen akut werden lässt.

Doch verfügen wir inzwischen auch über genügend Knowhow und auch praktisches Potential, um die ruinösen Problematiken endlich bewältigen zu können. Hier können auch persönlich und in seinem sozialen Umfeld ggf. recht schnell neue Dimensionen an Lebens-Qualität erschlossen werden, auch ohne dass die Neue Kultur schon allgemein bestünde. Es lässt sich inzwischen vieles deutlich differenzierter und komplexer denken und aufnehmen als in den 1970ern, als dies alles noch völliges Neuland war.

Der Nenner dieser positiven Entwicklungen verknüpft sich mit einer historisch neuartigen Würdigung der Persönlichkeit jedes Menschen. Dies meint etwas entscheidend anderes als Individualismus, der in Wirklichkeit Ausdruck des Zerfalls gesellschaftlicher Zusammenhänge ist. Es geht also nicht bloß darum, akzeptieren zu lernen, dass der/die Andere leider >anders< ist, als man es gerne hätte, als vielmehr darum, es positiv sehen zu lernen, dass in der Eigenart jeder Persönlichkeit die Grundlage jeder echten Beziehungs-, Lebens- und sozialen Qualität liegt (auch wenn wir hierbei im *Einzelnen* unsere Grenzen haben).

Ganz entsprechend meinte etwa der Psychologe **Carl Rogers** aufgrund der Erfahrungen seiner diesbezüglichen Arbeit:

„Diese neue Welt [*besser: Neue Kultur*] wird sowohl menschlicher als auch menschenfreundlicher sein. Sie wird die Reichtümer und Fähigkeiten des menschlichen Geistes und der menschlichen Seele erforschen und entwickeln. Sie wird Individuen hervorbringen, die in stärkerem Maße integrierte und >ganze< Personen sind. Es wird eine Welt sein, in der sich der einzelne Mensch – das höchste unserer Güter – der höchsten Wertschätzung erfreut.

Es wird eine natürlichere Welt sein, mit einer erneuerten Liebe und Achtung für die Natur. Sie wird eine menschlichere, auf neuen und weniger starren Konzepten gründende Wissenschaft entwickeln. Ihre Technologie wird auf die Förderung statt auf Ausbeutung des Menschen und die Natur abzielen.
Sie wird in dem Maße, in dem sich der Einzelne seiner Kraft, seiner Fähigkeiten und seiner Freiheit bewusst wird, schöpferische Fähigkeiten freisetzen."[1]

---

[1] Carl R. Rogers: Der neue Mensch, S. 186

16

Tatsächlich entstand bereits die humanevolutionäre Entwicklung (angesichts des gleichen Grundproblems wie heute) genau auf diese Weise. Wie noch gezeigt wird, erklärt sich die eigentliche Humanevolution nicht etwa aus der mit dem Wachstum an Gehirn verbundenen neuartigen technischen Intelligenz und der Evolution von Sprache an sich, wie es der ältere Forschungsstand sah. Diese Art von Entwicklung bedeutete bei der genetischen Verhaltensanlage der Tier-Stufe nicht die Lösung von Macht und Gewalt, sondern ganz im Gegenteil deren Steigerung in immer intelligenteren Konkurrenzkämpfen, zuletzt bis zum gegenseitigen Selbstruin: dem Aussterben der Hominiden.

Die eigentliche humanevolutionäre Entwicklung ging aus dem Überwinden dieses Problems des gegenseitigen Selbstruins der Hominiden hervor. Sie entstand als Evolution von Kultur als Ablösung von der genetischen Verhaltenssteuerung der Tier-Stufe im Erwerb der Fähigkeit zu Selbststeuerung und Kommunikation. Mit der entsprechenden **Kulturellen Intelligenz** und *Kompetenz* wurde der >Mensch< zu dem kulturalen Wesen = unserer Art Homo sapiens. Erst damit verknüpfte sich der humanevolutionäre Erfolg, der dann jedoch beträchtlich wurde. Die heutige Populationsgröße liegt ungefähr eine Million Mal so hoch als die, die nach genetischen Schätzungen unsere Art Homo sapiens begründet hat, und die kulturgeschichtliche Entwicklung zeigt das Ausmaß unseres Potentials, das noch bei weitem nicht erschöpft ist.

Alles wäre von daher bestens, wäre da nicht ein Problem entstanden.

„Schreiben, Lesen, Rechnen haben wir jahrelang geprobt, selbst Autofahren wird gelehrt. Nur das Wesentliche des menschlichen Daseins, das über die wirkliche Lebensqualität – ja nach den neueren Forschungen [...] auch über Gesundheit und Krankheit – entscheidet, ist in der Informationsgesellschaft wie vergessen." [2]

---

[2] Michael Lukas Moeller: Gelegenheit macht Liebe. S. 22

Es ist in der historischen Entwicklung und insbesondere auch in unserer Kultur aus dem Blick geraten, dass sich mit Sprache und mit Kommunikation noch eine gänzlich andere Dimension als dem bloßen Gebrauch von Vokabular und Grammatik verknüpft. Von daher ergibt sich u.a. quasi zwangsläufig:

> „Es liegt in unserer Natur, einfühlsames Geben und Nehmen zu genießen. Wir haben uns jedoch viele Muster >lebensentfremdender Kommunikation< angeeignet, die dazu führen, dass wir uns selbst und andere mit unserem Sprachstil und unserem Verhalten verletzen." [3]

Es ergibt sich von den evolutionären neurologischen Zusammenhängen aus sich selbst heraus, dass, wo man über das einzelne Individuelle hinaus nicht zureichend zu kommunizieren versteht, autoritäre, bevormundende, gewalttätige und destruktive Sozial- und Persönlichkeitsstrukturen bis hin zu Diktaturen, Kriegen, Sklaverei und kulturellen Zusammenbrüchen aufkommen. Diese Problematiken erklären sich (schon rein zeitlich) nicht, wie man früher meinte, aus der Humanevolution, sondern absolut eindeutig im Kontext der historischen Entwicklung. Der Hunger war hier nicht die Ursache, sondern – wie auch heute mitten im Überfluss – das Resultat des Mangels an Entwicklung von Persönlichkeit und einem fähigen Sozialleben (= Kultur). Die materielle Basis für ein gutes Sozialleben ist also vorhanden. Wir müssen nur unser Potential kompetenter gebrauchen. Hier sind inzwischen in den Wissenschaften völlig neue Einsichten entstanden, die die historischen Fehler und die Lösungswege zeigen.

In dem folgenden Abschnitt soll in einem kurzen Überblick über die neueren Einsichten bzgl. von Humanevolution und Geschichte zunächst der Rahmen für die weiteren Einsichten und Ansätze geboten werden.

---

[3] M. B. Rosenberg: Gewaltfreie Kommunikation, S. 42

Auch eine Werkstatt
(Schnitzereien und
Skulptur von CR)

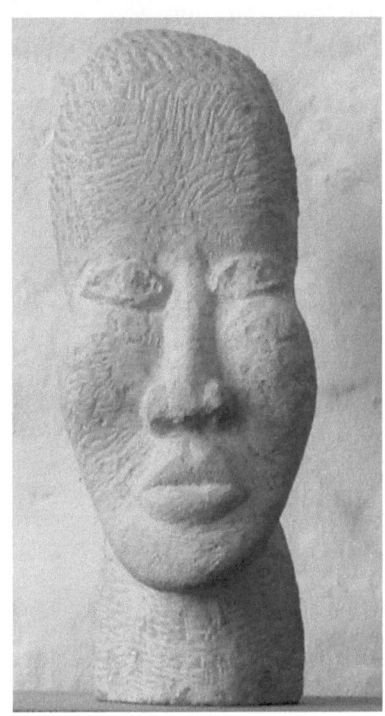

„In jüngster Zeit hat eine Serie neurobiologischer Beobachtungen ein neues Bild entstehen lassen. Es beschreibt den Menschen als ein Wesen, dessen zentrale Motivationen auf Zuwendung und gelingende menschlichen Beziehungen gerichtet sind."
(S. 9)

„Wir sind – aus neurobiologischer Sicht – auf soziale Resonanz und Kooperation angelegte Wesen. Kern aller menschlichen Motivation ist es, zwischenmenschliche Anerkennung, Wertschätzung, Zuwendung oder Zuneigung zu finden und zu geben." (S. 23)

Der Neurobiologe
Joachim **Bauer**: Prinzip Menschlichkeit. Warum wir von Natur aus kooperieren

Leben
einzeln und frei
wie ein Baum
und *geschwisterlich*
wie ein Wald
das ist unsere Sehnsucht

Nazim Hikmet

(nach einer Wandmalerei)

2 Zur >Alten Kultur<

Bis vor kurzem gab es keinerlei Möglichkeit, die menschlichen Verhältnisse von einem übergeordneten Standpunkt in der Art der geographischen Weltkarten zu betrachten und zu klären. Von daher wurden die historischen Verhältnisse bald auf der Basis von Macht, Kommando und - auch rechtlicher, ökonomischer, medialer usw. - Gewalt bestimmt.

Erst mit der >Aufklärung< begann die Entwicklung, sich von den vorherrschenden gesellschaftlichen Ideologien zu emanzipieren und diese Ideologien durch eine kritische soziale Auseinandersetzung und wissenschaftliche Forschung zu ersetzen.

Doch wie inzwischen deutlich wird, bauten diese früheren Ansätze von Wissenschaft und Gesellschaftskritik selbst auf Ideologie auf. Dies betraf zuerst das Geschichtsbild und darüber auch das Menschenbild. Besonders gravierend wirkte hier das Aufkommen der Evolutionstheorie in der zweiten Hälfte des 19. Jahrhunderts. Wohl erlaubte erst die Evolutionstheorie eine wirkliche Ablösung von den ideologisch vereinnahmten Mythologien und positiv eine gesamtwissenschaftliche Grundlage. Doch basierte diese Evolutionstheorie ihrerseits auf etlichen ideologischen Vorstellungen, die – nun auch noch als „aufgeklärt" und „objektive Wissenschaft" begriffen – neue Ideologien begründete, die Emanzipation und Wissenschaftlichkeit unterliefen. Am deutlichsten ist dies in der pseudo-wissenschaftlichen militaristischen *Deutung* des >Kampfs ums Überleben< zu sehen. Tatsächlich hat der Faschismus gegenüber den älteren Herrschaftsideologien hierin seinen Ursprung.

So stehen auch die damals neuen Ausprägungen von Liberalismus und einem Geschichtsbild als Fortschritts-*Ideologie* in diesem Zusammenhang, wie es sich im Praktischen in der neuen Phase an Kolonialismus belegt. Der >Fortschritt< war nicht mehr nur eine Legitimation der Ausbeutung. Er galt nun regelrecht als Auftrag:

„So findet sich z.B. bis weit ins 19. Jahrhundert hinein in portugiesischen Äußerungen nie der Vorwurf, alle Eingeborenen seien >faul< - der woanders die Auseinandersetzung mit Außereuropa geradezu monopolisierte. Die Briten fanden beispielsweise in Malaya die Einheimischen >von angeborener Trägheit<, >mit einer Abneigung gegen harte und geregelte Arbeit<, >Champions des Müßiggangs<. [...] Die Holländer stellten fest, >dass die Javaner so faul waren, dass sie sich nur so viel erwirtschafteten, wie sie selbst brauchten<. Am patzigsten argumentierten die Deutschen in Ostafrika. Sie kritisierten das >Eingeborenen-Schlaraffentum<, ihr >Schmarotzen und Herumlungern<, und begründeten die Besitznahme fremden Landes ausdrücklich damit, diesen >Menschenzweigen, die von den unsrigen ganz divergent sind, eine Erziehung zur Arbeit< zu ermöglichen." [4]

Es war erst die damalige Evolutionstheorie, die die Vorstellung vom >Menschen< als ursprüngliches >Tier< begründete und angesichts der damaligen Daten meinte, der erste effektive Schritt über das Tierstadium hinaus hätte in der griechischen Antike vor ca. 2500 Jahren gelegen. Mit dem Zusammenbruch des Römischen Reichs wäre der Rückfall in das >finstere Mittelalter< gekommen, um mit der Renaissance und Moderne wieder an die Antike anzuschließen und nun mit der Industriellen Revolution den großen Fortschritt einer freien Menschheit zu begründen. Noch nach dem 2. Weltkrieg wurde in etlichen Kreisen der vorausgehende Faschismus wie die „primitiven Kulturen" als Überbleibsel der bisherigen >Tierstufe des Menschen< gesehen, die nun so langsam weltweit überwunden würde.

Von entsprechenden Vorstellungen war auch die sozialistische Theorie und das >linke< Weltbild geprägt. Selbst ein Friedrich Engels, der insgesamt recht gut informiert war und dem man keine reaktionären Absichten unterstellen muss, meinte entspre-

---

[4] Ronald Daus: Die Erfindung des Kolonialismus, S. 175

chend der damals gängigen Vorstellungen [mit entsprechend fatalen Folgen]:

„In diesem Sinne sind wir berechtigt zu sagen: Ohne antike Sklaverei kein moderner Sozialismus. [...] Es ist nun einmal eine Tatsache, dass die Menschheit vom Tiere angefangen und daher barbarische, fast tierische Mittel nötig gehabt hat, um sich aus der Barbarei herauszuarbeiten." [5]

Es ist hier leider festzustellen, dass diese Theorien und Auffassungen heute nichts mehr austragen, da sie nach den heutigen Einsichten in Bezug auf Humanevolution und Geschichte **absolut gegenstandslos** sind. Nach den gängigen Auffassungen beginnt die Ausprägung zum >Menschen< im Abgang von dem Tier-Stadium nicht vor 2,5 **Tausend**, sondern vor ca. 2,5 **Millionen** Jahren und besteht unsere bereits von der Entwicklung von Kultur genetisch bereits *grundlegend* geprägte kulturale Art Homo sapiens auf jeden Fall über 100.000 Jahre (s.u.).

Es ist inzwischen deutlich geworden, dass die aus dem 19. Jh. stammenden Vorstellungen von Evolution und Geschichte, von „Aufklärung" und der Wissenschaftlichkeit unserer „Kultur" vorwissenschaftlich und so aktuell sind wie die Weltkarte mit der Erde als Scheibe. Diese Problematik ist nicht dadurch behoben, dass die Evolution und Geschichte inzwischen erheblich weiter zurückdatiert wird. So ist leider festzustellen, dass die faschistoide Problematik in den öffentlichen Vorstellungen bis in die wissenschaftlich gängigen Gesamtkonzeptionen von Humanevolution und von Geschichte in den **Prämissen** immer noch enthalten ist.

Ein Problem entstand dadurch, dass man mit dem Aufkommen der Evolutionstheorie meinte, dass die Menschheit gerade mal ca. 6.000 Jahre alt wäre und bis zur griechischen Antike und der Moderne noch mehr oder weniger im Tierstadium verharrt hätte. Von dort her brachte man allen Fortschritt mit der europäischen

---

[5] Friedrich Engels: Herrn Eugen Dührings Umwälzung der Wissenschaft (>Anti-Dühring<), S. 168

23

Linie von der griechischen und römischen Antike über die Renaissance mit dem Gefolge der Industriellen Revolution in Verbindung, während man die Probleme von Gewalt, Kriegen, Sexismus, Rassismus und Barbareien dem >Tierstadium des Menschen<, sprich der Evolution zusprach. Entsprechend zeichnete man die „Frühmenschen" als eine Mischung aus Affen, Geisteskranken und Gewaltverbrechern.

Noch immer wird der Beginn der historischen Entwicklung de facto als Umschlag von der biologischen zur kulturellen Evolution gedacht. **Doch stellt das den tatsächlichen Sachverhalt grundlegend auf den Kopf.**

Nach den neueren wissenschaftlichen Einsichten ist die kulturelle Evolution vielmehr der Inhalt der eigentlichen Humanevolution, deren evolutionäres *Produkt* unsere kulturale Art Homo sapiens ist. Die Probleme von Gewalt und Kriegen erklären sich nicht aus der Humanevolution, sondern aus der historischen Entwicklung mit ihren vielfältigen („hoch"-) kulturellen Zusammenbrüchen.

Es soll nicht im Geringsten bestritten werden, dass sich mit der historischen Entwicklung *auch* Fortschritte verknüpfen. Doch erklärt sich der historische Prozess nicht aus neuen Erkenntnissen, sondern aus den gigantischen Naturkatastrophen am Ende der Eiszeit. Die Fortschritte ergaben sich aus den Lösungen der entstandenen Probleme. Doch gelang es bis heute nicht, die damals entstandenen Probleme zureichend zu beheben – nicht zuletzt deswegen, weil man diese Entwicklungen insgesamt nicht zureichend begriff und – bis heute – etliche Lösungsansätze die Probleme noch weiter verschärften. Hier können nun die neueren Erkenntnisse endlich eine echte Lösungsperspektive aufzeigen – sie ist eine reale Möglichkeit, sofern man von der bisherigen Weltgeschichts-Karte mit der Welt als Scheibe wegkommt und sich das bestehende positive Potential erschließt.

2.1 Zur Humanevolution

Nach den auch in der Wissenschaft vorherrschend gängigen Auffassungen erfolgte der evolutionäre Schritt zum >Menschen< (Homo) in Verbindung mit einem neuen Schub an Gehirnwachstum und den Anfängen der Werkzeug-Technologie mit den fundamentalen geologischen Umbrüchen vom Pliozän auf das Pleistozän vor etwa 2,5 Mio. Jahren.

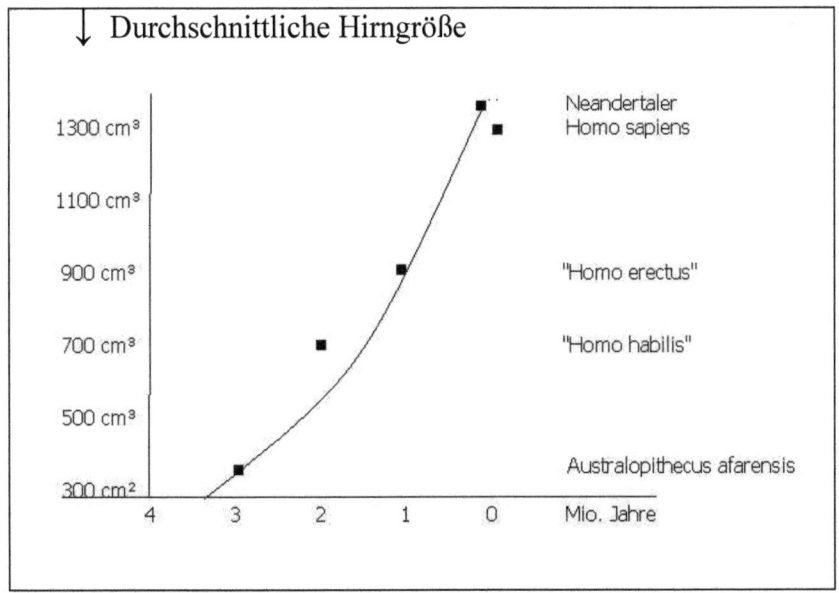

Vereinfachte Nachzeichnung einer offenbar einstmals verbreiteteren Graphik. [6]

---

[6] sie findet sich z.B. in Roger Lewin: Spuren der Menschwerdung, S. 143, und GEO Wissen „Die Evolution des Menschen", S. 80. Ich sah diese Graphik auch in einem neueren Internet-Artikel

Dieser evolutionäre Umbruch steht mit dem Beginn der Eiszeit (= Pleistozän) in Verbindung. Deren Ursache liegt in dem Zusammendriften der beiden amerikanischen Kontinente vor ca. 5 Mio. Jahren. Der warme Golfstrom konnte nicht mehr zwischen den beiden Kontinenten hindurchfließen und wurde nun nach Norden geleitet, wodurch die Luftfeuchtigkeit zu Schnee kondensierte. Vor ca. 2,5 Mio. Jahren war der Nordpol vereist, womit die Eiszeit (Pleistozän) einsetzte.

Doch für die in Afrika lebenden Hominiden bedeutete dies vielmehr das Aufkommen von Hitze. Die Luftfeuchtigkeit war nun in großen Teilen in Eis gebunden, so dass die äquatorialen Regenwälder schrumpften. So verloren die in diesen Gebieten lebenden Menschenaffen ihren angestammten Lebensraum im Wald, und sie mussten sich auf die Hitze in der Savanne umstellen. Diese Umstellung hatte solch fundamentale Konsequenzen, dass es hierbei zu einem evolutionären Schub kam.

Es spricht nun einiges dafür, den Schub an Gehirn-Wachstum, die Entwicklung der Steinwerkzeuge und auch die Entstehung der Evolution von Sprache damit in Verbindung zu bringen. Wenngleich sich die Entstehung von Sprache nicht direkt feststellen lässt, so lässt sich doch von den neurologischen Zusammenhängen her sagen:

> „Die Mehrzahl der Fachleute bringt trotz dieser Unsicherheiten das enorme Wachstum insbesondere des Großhirns im Verlauf unserer Entwicklungsgeschichte mit einem wahrscheinlich schon frühen Auftreten des Evolutionsfaktors Sprache in Zusammenhang. >Wenn die Hominiden nicht die Sprache nutzten und verfeinerten, würde ich gerne wissen, was sie mit ihren selbst beschleunigt wachsenden Gehirnen taten<, bemerkte etwa die amerikanische Anthropologin Dean Falk 1989 in einem Diskussionsbeitrag ironisch, und auch ihr Kollege Terrence Deacon vermutete: >Die Sprache war die Hauptursache, nicht eine Folge des menschlichen Gehirnwachstums.<" [7]

---

[7] Martin Kuckenburg: Wer sprach das erste Wort? S. 58

„Dies ist umso wahrscheinlicher, als Werkzeugproduktion und Sprache nach Meinung vieler Fachleute auf miteinander korrespondierenden geistigen Fähigkeiten beruhen und ihre neurologischen Grundlagen sich daher im Verlauf unserer Evolutionsgeschichte Hand in Hand entwickelt haben dürften. >Die Handlungsabläufe bei der Geräteherstellung haben strukturelle Ähnlichkeit mit denen bei der Konstruktion eines Satzes<, urteilt etwa der bereits zitierte Prähistoriker Gowlett, und die Neurologin Kathleen R. Gibson schrieb 1988: >Gerätegebrauch und Sprache teilen eine gemeinsame neurologische Basis und dürften sich deshalb zusammen herausgebildet haben."" [8]

In dem nun doppelt und zuletzt drei- bis vierfach so großen Gehirn, das mit Sprache und einer neuartigen technischen Intelligenz verbunden war, und der Entwicklung von Werkzeug-Technologie, sieht man den Beginn des evolutionären Triumphzuges des Menschen.

Doch basiert diese Annahme auf effektiv **vorwissenschaftlichen** Vorstellungen. Gehirngröße und Technik sind in dieser Form nicht das Kriterium in Bezug auf den >Menschen<. Das ist hier insofern von fundamentaler Bedeutung, als dass sich genau diese Entwicklung nach einem ersten Erfolg als absoluter evolutionärer Fehlschlag erweist. Diese Stufe, die sich neurologisch grundlegend von der menschlichen Anlage unterscheidet, verfällt komplett dem Aussterben, und dies auch verhältnismäßig schnell: in einem Zehntel der Zeit des bisherigen Bestandes der Menschenaffen.

Tatsächlich kommt die humanevolutionäre Entwicklung erst vor ca. 0,5 Mio. auf, und zwar, um diesem Aussterben zu entkommen. Mit ihr verbinden sich entsprechend völlig andere Hintergründe.

---

[8] Martin Kuckenburg: Wer sprach das erste Wort? S. 77 f.

2.1.1 Zur Evolution von Kultur

Die evolutionären Entwicklungen der Hominiden stehen mit Notstandsproblemen in dem evolutionären Umbruch vor ca. 2,5 Mio. Jahren in Verbindung. Der Schub an Gehirnwachstum in Verbindung mit der Entstehung von Sprache und der technischen Intelligenz war zusammen mit einer neuen Handfertigkeit und den Werkzeug-Technologien offensichtlich ihre Lösung. Diese Entwicklung war so erfolgreich, dass man nicht nur die entstandenen Notstandsprobleme zu bewältigen vermochte, sondern dann auch noch völlig neuartige Biotope aufzunehmen verstand, sodass man sich gar über den angestammten Kontinent Afrika hinaus zu verbreiten vermochte.

Doch andersherum betrachtet war dies auch alles, was diese Entwicklungsstufe zu leisten vermochte. Sie war kein nachhaltiger Erfolg, sondern verfiel danach dem Aussterben.

Der Grund dafür liegt darin, dass die Anlage der Hominiden entsprechend den evolutionären Anforderungen auf die Lösung von Problemen angelegt war. Diese Anforderungen müssen eine ganze Ära recht hoch gelegen haben, dass daraus solch ein deutlicher evolutionärer Prozess entstand, der sich kategorial von den Menschenaffen abhebt. Es handelt sich deswegen aber noch nicht um den >Menschen<, sondern um eine Zwischenstufe zwischen den >Menschenaffen< und der erst eigentlichen Humanevolution.

Die Anlage und die Fähigkeiten der Hominiden waren von daher auf eine hohe Leistungsfähigkeit in Bezug auf entsprechende Anforderungen ausgelegt. Als sie die evolutionären Anforderungen in ihrem ursprünglichen Lebensraum bewältigt hatten, trieb sie der Drang ihrer Anlage in einem relevanten Ausmaß dahin, in der Ferne neue Herausforderungen zu suchen. Diese Strategie funktionierte eine ganze Zeit lang. Doch irgendwann war diese Strategie im Wesentlichen ausgereizt, und dann kam der Verfall.

Die Tragik dieser Anlage war, dass sie aufgrund ihrer evolutionären Entstehung auf außergewöhnlich hohe Anforderungen ausgelegt war – die jedoch jenseits der geologischen Umbrüche gar nicht bestanden. Doch gab es mit dieser Anlage keine Möglichkeiten, den Mangel an Anforderungen zur Entwicklung von Lebens-Qualität zu nutzen. Dies wurde erst im Verlauf der humanevolutionären Entwicklung durch neue neurologische Strukturen möglich.

Wo die Hominiden nicht genügend widrige Verhältnisse fanden, die sie auslasteten, verfielen sie in Langeweile und Streitereien einem unproduktiven Sozialleben. In gewisser Weise bestand sogar die Tragik dieser Anlage darin, dass die ganzen ungenutzten Energien - wenn nicht in externen Kämpfen, dann - in sozial interne Kämpfe um Ränge und Geschlechtspartner mündeten, und dies bei ihrer Intelligenz bis zum gegenseitigen Selbstruin und insgesamt bis zu ihrem Aussterben.

Das evolutionäre Problem im Kontext der Humanevolution bestand nicht etwa im Konkurrenzkampf um zu begrenzte Ressourcen (dies kam erst historisch aus dem Mangel an Kultur auf). Das schlichte Gegenteil war *das Problem*. Schon seit den einfachen >Affen< (Anthropoiden) war die Intelligenz so hoch, dass sich mit der Versorgung und mit Fressfeinden keine grundlegenden Probleme mehr verknüpften (sonst wäre diese Entwicklung gar nicht möglich geworden). Doch wurden mit dem immer größeren Gehirn auch die Kindheiten immer länger und damit auch die Anforderungen an das Sozialleben immer höher.

Interessant ist, dass hier die evolutionären Schübe immer in geologischen Umbrüchen einsetzen. Die Intelligenz war schon auf der Stufe der einfachen Affen recht hoch, doch stand dem in sozialer Hinsicht die genetische Verhaltensanlage im Weg. So sind es ausgerechnet die besonderen Notstandsprobleme, in denen die evolutionären Weiterentwicklungen stattfanden. In Notständen konnte man sich die üblichen Konkurrenzkämpfe nicht erlauben. Man brauchte hier seine Intelligenz für das gemein-schaftliche Überleben. Mit jedem evolutionären Schritt seit den einfachen Affen verlagert sich die Überlebensfrage von dem Umweltverhältnis (Versorgung) auf das Soziale.

„Labortests zeigten deutlich, dass niedere Affen und Mensch-affen außergewöhnlich intelligent sind. Feldstudien ergaben allerdings, dass zumindest beim Gewinnen des täglichen Le-bensunterhaltes diese Intelligenz kaum beansprucht wird. […] Mit anderen Worten, für einen nichtmenschlichen Pri-maten in freier Wildbahn ist der Lernprozess über das Vor-kommen und vielleicht auch die Reifezeit von Nahrungsres-sourcen ein intellektuelles Kinderspiel verglichen mit der Vorhersage - und Beeinflussung - von Verhaltensweisen an-derer Individuen der Gruppe." [9]

In der Spätphase der Hominiden war mit diesem bisherigen Ent-wicklungsgang eine evolutionäre Sackgasse erreicht, und es kam zu einem entsprechenden Aussterben. Die humanevolutionäre Entwicklung entstand aus dem Grund, diesem Aussterben zu entkommen. Sie wurde möglich, weil sie die relativ geringen Anforderungen der Umwelt (Versorgung und Fressfeinde) für ein fähiges Sozialleben = Kultur nutzen zu lernen.

„Die verbreitete Vorstellung, dass Wildbeuter [= *Jäger und Sammler-Kulturen*] stets am Rande des Existenzminimums darben und die Übernahme der Landwirtschaft für sie ein Ge-winn wäre, ist falsch. Im Gegenteil - in völkerkundlichen Stu-dien aus den 70er Jahren werden Wildbeutergruppen als >Überflussgesellschaften< charakterisiert: Sie haben in der Regel alles, was sie brauchen, und benötigen für ihre Exis-tenzsicherung nur einen Bruchteil der Zeit, die Bauern dafür aufwenden." [10]

---

[9] Roger Lewin: Spuren der Menschwerdung, S. 145 f.
[10] Brigitte Röder, in: Bärbel Auffermann & Gerd-Christian Weniger: Frauen - Zeiten - Spuren, S. 242

30

In Bezug auf die >Buschleute< in Afrika:

„Drittens müssen die Jäger und Sammler für das Überleben nicht hart arbeiten -, und darin liegt offenbar wenigstens teilweise der Grund, warum sie dieses Leben führen. Schätzungsweise arbeitet ein Erwachsener im Durchschnitt 15 Stunden pro Woche [...]. Diesem einfachen, aber sicheren [!] und relativ mühelosen Leben dürfte ihr Selbstbewusstsein, ihre Neigung zu Verschwendung und ihre scheinbare Sorglosigkeit zuzusprechen sein [...]." [11]

Sehr wohl ist ein materiell anspruchsvolleres Leben eine echte menschliche Möglichkeit. Sie hat nur ein fähiges Beziehungs- und Sozialleben zur unabdingbaren Voraussetzung.

Der evolutionäre Schritt zur Humanevolution (vor ca. 0,5 Mio. Jahren) erfolgte daraus, dass man seine überschüssige Energie statt wie bislang für Imponiergehabe und Kämpfe um Ränge und Geschlechtspartner in die Zuwendung zu seinen Kindern steckte. Mit dieser neuartigen Zuwendung verstand man, neurologisch unreifer Geborene durchzubringen – damit verknüpft sich die biologische Veränderung. Diese irgendwann substanziell höhere neurologische Unreife war auch die physiologische Voraussetzung dafür, dass Sprache zu einem Mittel der Verhaltenssteuerung werden konnte.

Weiterhin verknüpfte sich mit den neurologisch unreifer Geborenen auch ein deutlich höherer Spieltrieb und eine mit spielerischen Aktivitäten verbundene längere Kindheit. Darin lag der dritte Grund des evolutionären Umbruchs zum Menschen. Völlig zu Recht spricht Johan Huizinga *Vom Ursprung der Kultur im Spiel* (als dem Untertitel seines Werks >Homo ludens<).

---

[11] Wilhem Östberg, in: Göran Burenhult: Illustrierte Geschichte der Menschheit V, S. 142

Durch diese evolutionär neuartige Form von Spiel ergeben sich drei grundlegende Dimensionen, die für das Sozialleben von Bedeutung wurden:

- „Spielen stärkt also unsere Lebensfreude." (S. 20)
- „Jedes echte Spiel ist eine Schule des Gemeinsinns." (S. 200)
- „Wer spielt, begegnet dem anderen als einem Gegenüber auf Augenhöhe." (S. 17) [12]

Selbst bei den evolutionär primitiveren Spielen, die noch auf Konkurrenz aufbauen, will man, wo es wirklich um Spiel geht und kein Notstands-Problem wirksam ist, „Gegner und keine Opfer". Mit der Entwicklung des Spielens und anderer kultureller Aktivitäten kam man von dem Interesse an Dominanz und seiner Durchsetzung hin zu dem Interesse an Ebenbürtigkeit und dem Gegenüber des Anderen, denn allein auf diese Weise lässt sich ein Niveau an spielerischer Qualität erreichen. Damit wandelte sich das Sozialleben von den negativen Spannungsproblemen der Konkurrenzverhältnisse hin zu einem positiv spannenden Leben in partnerschaftlichen Bezügen (dies setzt freilich Kultur voraus. Unter Notstandsproblemen liegt das anders).

Besonders eindrücklich wird dieser Wandel im Geschlechterverhältnis. So zentral der Erfolg beim anderen Geschlecht in der genetischen Verhaltens-Anlage auch verankert ist und so heftig die Brunft auch sein kann, wirkt dies auf der Tier-Stufe doch eher als Aufwand für die eigene >Attraktivität< oder in Kämpfen gegen Konkurrenten als in wirklicher Zuwendung zu einem/einer Partner/in. Demgegenüber kam es in der humanevolutionären Entwicklung zur Entstehung von effektiv personalen * Beziehungen aufgrund *substanzieller* Kommunikation. [13]

---

[12] Alles nach: Gerald Hüther & Christoph Quarch: Rettet das Spiel!
* In der Personalität tritt die Einzigartigkeit einer Person gegenüber dem >Attraktiv< und der Rolle von >Mann< bzw. >Frau< in den Vordergrund.
[13] Zu der Bedeutung von personaler Kommunikation für eine Beziehung s. insbesondere die Literatur von Michael Lukas Moeller

Es ist diese neue kulturelle Dimension des Sozialen, die mit dem Erreichen fähiger Sozial- und Beziehungsverhältnisse in Lebens-Qualität dem Aussterben der hominiden Anlage entkommt.

„Überhaupt ist es typisch für Sammlerinnen- und Jägergesellschaften, die unter Bedingungen wie die der afrikanischen leben, dass sie ein ausgesprochen unbekümmertes, heiteres Naturell besitzen, sich gerne amüsieren und viel lachen. Die Voraussetzungen dazu sind ihnen auch wahrlich gegeben. Man hat errechnet, dass Buschmänner oder Hadza zum Beispiel einen Arbeitsaufwand von weniger als zwei Stunden pro Tag aufbringen müssen, um ihren Lebensunterhalt sicherzustellen. Es bleibt ihnen also reichlich Muße, die ihre Phantasie beflügelt und die sie denn auch mit viel Spiel, Tanz, Gesang, Unterhaltung und Geschichtenerzählen ausfüllen. Man darf annehmen, dass dies früher [...] nicht viel anders war." [14]

Doch Kultur als die kreativ-spielerische Ebene stellte lediglich den evolutionären Übergang von den Hominiden zu dem eigentlichen >Menschen<. Die eigentliche Selbst-Steuerung, die neurologisch allein den Unterschied zwischen >Mensch< und >Tier< ergibt, war damit noch nicht erreicht und von den neurologischen Gegebenheiten auch lange nicht vollgültig zu erwerben. Es brauchte erst ein Verstehen der menschlichen Gegebenheiten und einer >kulturarchitektonischen< Konzeption eines wünschenswerten Soziallebens, um dies gemeinschaftlich in entsprechenden Bemühungen in Angriff nehmen zu können, was damals in Form der ursprünglichen Mythologie als den Geschichten für die Kinder entwickelt wurde.

Es muss dafür zu Ansätzen dessen gekommen sein, was ethnologisch (leider meist verdreht) unter >Jugend-Initiation< bekannt ist. Denn der Zugriff auf die eigentliche Verhaltenssteuerung wurde – und wird – erst ab der Geschlechtsreife als dem Ende des Sozialisationsprozesses möglich. In dieser ursprünglichen Jugend-Initiation wurde insbesondere eine Beherrschung

---

[14] H. Christoph, K. E. Müller & Ute Ritz-Müller: Soul of Africa, S. 91

von Sprache und Kommunikation geschult und hierbei im Konflikt-Umgang daran gearbeitet, sich von seiner Es- und Über-Ich-Struktur der Kindheit zu emanzipieren, sein Leben vollgültig in die Hand zu nehmen und bei der Steuerung durch gemeinschaftliche Kommunikation kompetent und verantwortlich mitreden zu lernen.

Aufgrund dieser Übungen kam es evolutionär zu einer neuartigen Form von Pubertät, nämlich als einem neuen Moratorium zwischen Geschlechtsreife und Erwachsenheit. Dieses Moratorium hatte evolutionär den Zweck, Bewusstheit und die Fähigkeit zu voller Selbst-Steuerung erlangen zu können. Dazu gehörte eine menschlich-kulturelle Bildung und das, was erst unter dem Beherrschen von Sprache und von Kommunikation zu verstehen ist, sowie der Erwerb von Konflikt-Fähigkeit, insbesondere im Geschlechter-Verhältnis und vor allem in Sachen Liebe. Denn hier liegt von der genetischen Verhaltensanlage her die neurologisch größte Schwierigkeit.

Diese >Jugend-Initiation< war ursprünglich so etwas wie ein Fahrschul-Unterricht und ein geschütztes Übungsfeld zwecks Erwerbs einer sozial fähigen Verhaltenssteuerung (nur leider nicht so einfach und schnell wie beim Auto). Dass es hier zu einem neuen ganzen Moratorium (>Pubertät< und Jugend) zwischen Geschlechtsreife und Erwachsenheit kam, ist dafür bezeichnend. Ein wirkliches Beherrschen von Sprache und von Kommunikation geht **erheblich** über den bloßen Gebrauch von Vokabular und Grammatik hinaus. Wirkliche Bewusstheit, die Steuerung seines Denkens und eine wirklich Konflikt- und Verhaltens-Fähigkeit ergeben sich nicht im Nebenbei.

In Wirklichkeit liegen hier, wie es die evolutionäre Entwicklung zeigt, die menschlich größten Anforderungen an Lern-Entwicklung, um zu einem fähiges Beziehungs- und Sozialleben zu kommen. Erst mit diesen Lern-Entwicklungen wurde das evolutionär vollgültige Niveau an Kultur erreicht. Erst das ist, was von daher bei uns Menschen im eigentlichen und vollen Sinn (kulturologisch) unter >Kultur< zu verstehen ist.

Kultur bedeutet von daher zum einen gesellschaftlich ein menschlich fähiges Beziehungs- und Sozialleben und zum anderen auf der Persönlichkeitsebene der Erwerb an Fähigkeiten, das Sozial- und Beziehungsleben befriedigend mitgestalten zu können.

Die entsprechenden „Steinzeit-Menschen" in der Linie von uns Homo sapiens waren dazu in der Lage. Sie und ihre eiszeitliche Kultur waren alles andere als primitiv. Man könnte sagen: leider, weil die menschliche Anlage mit einigen Anforderungen verbunden ist. Doch erst damit gelang der Durchbruch aus der evolutionären Problematik von Macht und Gewalt. Alles Andere verfiel in diesem evolutionären Strang dem sozialen Scheitern und dem Aussterben.

Diese Entwicklung wurde unter den Archaischen Homo sapiens im Vorfeld vor unserer Art Homo sapiens erreicht, vielleicht vor etwa 200.000 Jahren. Wir Homo sapiens sind mit unserer kulturalen Anlage das biologische Produkt dieser humanevolutionären Entwicklung von Kultur.

Und dann nach dem langen Engpass in dichter Nähe zu dem Aussterben (nach den genetischen Schätzungen mit nur wenigen Tausend): mit was für einem Erfolg! Unsere Population ist heute etwa eine Million Mal so groß als damals, und welche kulturellen Entwicklungen haben wir erreicht!

Leider sind historisch mangels zureichender Kultur wieder solche Probleme wie bei den Hominiden entstanden. Doch ist Kultur als Bestand fähiger Sozial- und Beziehungsverhältnisse eine echte menschliche Möglichkeit! Wir sind evolutionär aus dieser Fähigkeit entstanden.

2.2 Zu den Ursachen der historischen Probleme

Wegen der Fehleinschätzung der Humanevolution und des menschlich-kulturellen Niveaus der eiszeitlichen Kultur des Homo sapiens unterliegt auch die am Ende der Eiszeit aufkommende historische Entwicklung verbreitet einer grundlegenden Fehleinschätzung.

Anders als früher gedacht erklärt sich der Beginn der historischen Entwicklung nicht aus irgendwelchen neuen Erkenntnissen und positiven Weiterentwicklungen, sondern aus Problemen, die aus den gigantischen Naturkatastrophen am Ende der Eiszeit entstanden:

„Dieser grundlegende Klimawechsel, der für viele Pflanzenfresser das Aussterben bedeutete, betraf auch den Menschen." [15]

„Die letzten 5.000 Jahre der Eiszeit waren eine Periode von Klimaveränderungen geradezu apokalyptischen Ausmaßes, die alles übertrafen, was uns heute bekannt ist." [16]

Zu diesen gravierenden Naturkatastrophen am Ende der Eiszeit gehört unter anderen auch die >Sintflut< („die große Flut"). Zwar können nicht alle Sintflut-Mythologien als authentisch eingeschätzt werden. Doch es entspricht den Tatsachen, dass es damals infolge des Abtauens riesiger Gletschermassen zu dem

---

[15] W. von Koenigswald & J. Hahn: Jagdtiere und Jäger der Eiszeit, S. 92 f.
[16] Brian Fagan: Die Eiszeit, S. 131

ungeheuren Anstieg des Meeresspiegels um ca. 120 m kam, der beträchtliche Gebiete untergehen ließ, so auch „die Hälfte Westeuropas".[17]

Ganz im Gegensatz zu den früheren Vorstellungen war auch gerade der Nahe Osten mit seinen komplizierten Naturverhältnissen von diesen Entwicklungen betroffen. Es kam dort zu Ernährungsproblemen wie damals sonst nirgends auf der Welt.

„In den Skeletten finden sich Indizien für Minderversorgung, womöglich durch Vitamin- und Eiweißmangel oder schlichten Hunger. Und die Menschen schrumpften."[18]

„In den Anfangszeiten der Landwirtschaft im Nahen Osten sank die Durchschnittsgröße der Menschen um fünfzehn Zentimeter."[19]   (- satte 15 cm!)

Diese Naturkatastrophen stürzten weltweit Tier-Arten wie viele Kulturen in eine existenzielle Krise.

„Die biblische >Vertreibung aus dem Paradies< wird zu einer sehr wirklichkeitsnahen Umschreibung der Vorgänge. Mit dem Ende der Eiszeit begann die >schlechte Zeit< für den Menschen [...]."[20]

Das größte Problem dieser Naturkatastrophen lag jedoch weniger in irgendwelchen Heftigkeiten, sondern in ihrer Dauer über mindestens zwei Jahrtausende.

---

[17] David Hurst Thomas, in: Göran Burenhult: Illustrierte Geschichte der Menschheit II, S. 11. Dies betrifft vor allem den Raum der heutigen Nordsee und das Land zwischen Irland und Frankreich.
[18] Ulrich Bahnsen, in: Die *Zeit* Nr. 30, 20. Juli 2006, S. 25 f.
[19] Bill Bryson: Eine kurze Geschichte der alltäglichen Dinge, S. 57
[20] (Der Evolutionsbiologe) Josef H. Reichholf: Das Rätsel der Menschwerdung, S. 11

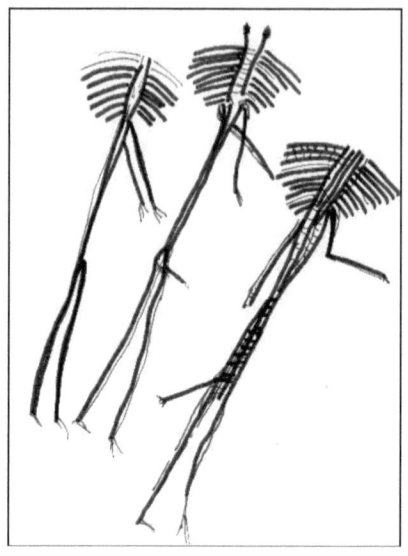

Felsmalereien in Australien und Tansania: [21] am Ende der Eiszeit kommt es zu „Geister-Kulten". Tatsächlich handelt es sich bei ihnen um Tarnungen autoritärer Strukturen, die >Störenfriede< bestraften oder gar aus dem Verkehr zogen.

Anders als vielen höheren Tier-Arten gelang es dem Menschen insgesamt wohl zu überleben, doch verbreitet auch nicht viel mehr, insbesondere in den so komplizierten Verhältnissen des Nahen Ostens nicht. Vor allem scheint man nicht mehr die Zeit und Ruhe für die Verhaltenstrainings, die Schulungen bzgl. Kommunikation und dem gefunden zu haben, was erst unter einer wirklichen Sprach-Beherrschung zu verstehen ist. So kam es hier tatsächlich zu einer wahrhaft >babylonischen Sprachverwirrung<, wo nun die verschiedensten Kulturen die ursprüngliche eiszeitliche Sprache ganz in ihrem eigenen menschlich unterent-

---

[21] *Nachzeichnungen*: links Australien: ein Mimi-Geister-Paar, die rechte Figur ist weiblich (Anati S. 373), rechts Tansania, Anati S. 193

wickelten Sinn verstanden, sodass daraus Tausende von Sprachen erwuchsen. [22]

Es waren gerade die gravierenden Notstandsprobleme am Ende der Eiszeit, deren Bemühungen um Lösung die Entwicklung von Fortschritt auslösten. Diese Entwicklung von Fortschritt soll weder bestritten noch in irgendeiner Weise geringgeschätzt werden.

Doch umgekehrt bedeuteten die Fortschritte deswegen noch lange nicht, dass sie deswegen die ganzen damals entstandenen Probleme behoben hätten. Dazu waren diese viel zu umfassend und komplex. Das größte Problem verknüpfte sich mit der andauernden Notstandsproblematik über mindestens zwei Jahrtausende. Aufgrund der Länge dieser Zeit hatte man keine Kenntnisse mehr davon, was man in dieser Ära an Kultur (im Umgang mit den Kindern, im Geschlechterverhältnis, an Sprache, in der Befähigung zu Kommunikation usw.) verloren hatte. Auch hatte sich vieles, was zunächst in der Not der Lage an Behelf und Provisorien geschaffen war – nicht zuletzt die Übernahme sozialer Führung -, inzwischen etabliert.

Es versteht sich, dass, als man am Ende der Eiszeit nicht mehr hinreichend zu Kommunikation fähig war, man auch aufkommende Konflikte nicht mehr zu lösen verstand. Von daher bedurfte es nun autoritärer Führungen auf der Basis jeder Diskussion entzogener „Mythologie" für die Erhaltung der sozialen Ordnung.

Von hier aus entstanden *in jeder Hinsicht* eskalative Probleme in externen wie sozial internen Disflikten. Diese sind erst der eigentliche Grund für die im Nahen Osten aufkommenden Versorgungsprobleme – die zu weiteren externen und internen Disflikten führten. Je größer das soziale Chaos wurde, desto autoritärer wurden die Strukturen, um die soziale Ordnung aufrecht zu

---

[22] Dies ist kein ursprünglicher Sachverhalt. S. dazu mehr in C. Rosenthal: Was eigentlich Sprache ist

erhalten – was ab einem Punkt mit ihren diktatorischen und dann auch gewaltsamen Praktiken selbst zur Ursache des sozialen Chaos wurde. Darin liegen auch in der weiteren Geschichte die Ursachen für die kulturellen Zusammenbrüche. Denn die diktatorischen Formen sind nicht dazu qualifiziert, dauerhafter ein menschliches Zusammenleben regeln zu können. Das menschliche Gehirn ist dafür zu komplex und von daher evolutionär auf eine gemeinschaftliche Selbststeuerung durch Kommunikation ausgelegt, was erst eigentlich Demokratie wäre.

In diesem Prozess entstanden die Probleme von Despotie, Gewalt bis hin zu Kriegen, sozialen Hierarchien und Ausbeutung bis hin zu Sexismus, Rassismus und Sklaverei usw.

Diese Entwicklung ab dem Ende der Eiszeit lässt sich inzwischen recht gut verfolgen. Es ist hier jedoch nicht der Ort, darauf näher einzugehen. Ich (CR) habe diese Thematik ausführlicher in dem Buch >Die kopernikanische Wende unseres Welt-Geschichtsbildes< behandelt. S. auch den nächsten Abschnitt.

„Dabei scheint es Allgemeingut der Kulturen zu sein, dass Staat und Gesellschaft religiös fundiert sind, d.h., ihre Ordnungen gelten nicht als etwas von Menschen zu einem bestimmten Zweck Geschaffenes, sondern als >Satzungen< vorgegebener und heiliger Art: sie sind ein Stück Religion.“ [23]

„[...] andererseits sind sich die Wissenschaftler heute darüber einig, dass es sich bei den ältesten Stadtzentren um zeremonielle Komplexe handelte. P. Wheatly hat die religiöse Intention und Funktion der ersten Städte in China, Mesopotamien, Ägypten, Mittelamerika usw. überzeugend bewiesen.“ [24]

Tatsächlich handelte es sich hierbei u.a. um *Politik.*

---

[23] Eberhard Otto, in: Saeculum Weltgeschichte, Band 1, S. 10
[24] Mircea Eliade: Geschichte der religiösen Ideen, Band I, S. 123 f.

2.3 Die große Krise der Alten Kultur
Zu Lewis Mumford: Mythos der Maschine

Trotz seines Alters ist das einstmals bekannte Werk >Mythos der Maschine< von Lewis Mumford in seinem **Hauptteil** immer noch sehr lesenswert. Er arbeitete wie kein anderer heraus, dass die alten vermeintlichen „Hochkulturen" in Wirklichkeit als eine Art >Gesellschaftsmaschine< unter völlig irrationalen Vorzeichen entstanden. Dies verfolgt Mumford dann von dem Sonnen-Gott-Kult des Pyramiden bauenden Ägypten über den französischen „Sonnen-König" Ludwig XIV. bis zu dem modernen Raumfahrt-Programm.

In Bezug auf seine Darstellung der Vor- und Frühgeschichte ist das Werk jedoch komplett überholt. Es zeigt, dass man noch in den 1960ern der Meinung sein konnte, dass in dem Vorfeld vor 5000 Jahren noch substanzielle evolutionäre Umbrüche wirksam waren.

Auf dem Hintergrund dieser >Gesellschaftsmaschine< sieht Mumford in der Antike das Aufkommen einer bedeutenden Gegenbewegung:

„Zwischen 3500 und 600 vor Christus hatte die physische Schale der Zivilisation sich gefestigt, doch die Kreatur im Inneren, die diese Schale geschaffen hatte, fühlte sich zunehmend beengt und eingeschränkt, wenn nicht unmittelbar bedroht. Die Vorteile groß angelegter Organisation und Mechanisierung waren gering im Verhältnis zu den geforderten Opfern.
Nur das wachsende Gefühl der Desillusionierung kann die Volksrevolte erklären, die zwischen dem neunten und dem sechsten vorchristlichen Jahrhundert begann: eine Revolte des inneren Menschen gegen den äußeren Menschen, des Geistes gegen die ihn umgebende Schale. […]

Von den älteren Königen, die sich göttlicher Macht rühmten, hat kein einziger spätere Generationen durch eine Veränderung des Charakters dauernd geprägt [...] Während wir ihre prächtigen Grabmäler und Monumente bewundern, müssen wir lächeln, so wie wir die prahlerischen Inschriften, die Ozymandias der Nachwelt hinterließ, ihrer ungeheuren Eitelkeit und ihres kindischen Ehrgeizes wegen belächeln. [...] Doch ganz anders war es mit der neuen Art geistiger Führer, >die Kampf ansagten dem Verfall der Zeit, und alle, die nicht weichen, sind Vergangenheit<. Jesaja, Buddha, Kung Fu-tse, Solon, Sokrates, Plato, Jesus, Mohammed - sie und ihresgleichen sind immer noch mehr oder minder lebendig, dauerhafter und unversehrter als irgend physisches Monument, immer noch erkennbar in Ausdruck und Haltung ihrer unter uns weilenden Nachkommen, als hätte sich der erfolgte Wandel den Genen eingeprägt." [25]

Allerdings wurde dann die >Gesellschaftsmaschine< nach der Krise auf verbesserter Grundlage neu errichtet:

„Um die Megamaschine auf moderner Grundlage wieder aufzubauen, musste man sowohl die alten Mythen als auch die alte Theologie in eine universalere Sprache übersetzen, die es gestattete, den König als Person zu stürzen und abzuschaffen, damit er in gigantischerer und entmenschlichterer Form als souveräner Staat wiederkehren konnte." (ebd.)

Ohne alle Einzelheiten zu teilen, finde ich die näheren Hinweise und Ausführungen immer noch relevant.

Wer einen kürzeren Überblick über die historische Entwicklung (seit dem Alten Orient) sucht, dem empfehle ich (CR) am ehesten das Buch >**Krieg und Macht**< des US-amerikanischen Historikers **William H. McNeill**.

---

[25] Lewis Mumford: Mythos der Maschine, S. 295 - 301

2.4   Zur Moderne bis Rousseau

Hier soll nun im Anschluss an Mumfords Ausführungen der Sprung in die Renaissance = >Wiedergeburt< (= der Antike) als der Grundlage der Moderne erfolgen. Dazu:

„Auf der Ebene der Geistesgeschichte reflektieren die beiden Hauptströmungen des Humanismus die entscheidenden sozialen und politischen Veränderungen seit dem Beginn der Renaissance: die Konstitution des Menschen als *Individuum*, die Transformation der mittelalterlichen Gemeinschaft in die frühneuzeitliche *Gesellschaft* und die damit erforderlich gewordene Neubestimmung der Funktion des *Staates*." [26]

Wir sehen hier, dass der moderne Begriff des >Individuums< nicht etwa aus der Entwicklung von Persönlichkeit folgte, sondern aus dem sozialen Zerfall der mit dem Kolonialismus aufkommenden sozial abstrakten Marktverhältnisse = „Gesellschaft"

Von Mumfords Ausführungen erklärt sich auf Anhieb, dass die >christlich-abendländische< Entwicklung von vornherein auf einem kulturellen und religiösen Amalgam völlig widersprüchlicher Tendenzen basierte: den kritischen Impulsen des Jesus von Nazareth, der griechischen Philosophie, Kultur und Naturwissenschaft, der germanischen Militanz und der Organisationsfähigkeit des römischen Imperialismus. Von daher entfaltete diese Mischung auch die unterschiedlichsten und widersprüchlichsten Tendenzen.

Wie die Bezeichnung >Renaissance< zum Ausdruck bringt, war die Renaissance Ausdruck dessen, dass man nach dem Kollaps des Römischen Reichs wieder so weit war, an dem Stand der griechischen und römischen >Hochkultur< anzuschließen. Noch

---

[26] Herfried Münkler: Machiavelli, S. 32

bis über das 19. Jahrhundert hinaus dienten die antiken Entwicklungen in vielem als Vorbild. Unser Verständnis von „Demokratie" hat diesen Bezug. Das Modell des römischen Staates spielte bei der Französischen Revolution eine Rolle (s. auch den Baustil des Kapitols), und auch die Ausbildung der sozialistischen Konzeption ist wesentlich von antiken Bezügen bestimmt.

Das Aufkommen der Renaissance ist Ausdruck dessen, dass man wieder an den römischen Kolonialismus anschloss. Die Kreuzzüge dienten bereits dazu, die Kriege im Inneren des Reichs zu Expansionen nach außen zu abzuleiten. Damit entstand eine Mischung aus religiös begründeten Kämpfen und dann je nach Machtverhältnissen aus Eroberungen und/oder Handel.

Es sind jedoch gleichzeitig diese kolonialen Aktivitäten, durch die durch die Begegnungen mit anderen Kulturen neue Lebensformen und Kulturkonzeptionen bekannt werden und sich auch neue Lebensmöglichkeiten erschließen.

Auch der Begriff >**Utopie**< (1516) [27] entstammt diesem kolonialen Kontext, wenngleich als Fiktion einer „neuentdeckten Kultur" als tatsächliche Gesellschaftskritik und Entwurf einer (vermeintlich) besseren gesellschaftlichen Anlage.

Der Begriff der >**Neuen Welt**< für Amerika ging über den Inhalt als bloße >Neuentdeckung< hinaus: er hätte auch für andere Gebiete zugetroffen. Er stand mit seinem besonderen Bezug nördlich von Lateinamerika (mit der vom Katholizismus her anders gedachten Herrschaft der Spanier und Portugiesen) durchaus auch mit den reformatorischen Prozessen bis über den 30jährigen Krieg 1618 – 1648 hinaus in Verbindung.

„Mit dem Beginn des 17. Jahrhunderts erhalten die Sozialutopien durch den Start einer langen Reihe von konkreten Siedlungsexperimenten eine neue Qualität. Bei diesen wurde in allen Fällen der Versuch unternommen, die spezifischen Wunschvorstellungen zu-

---

[27] von dem Roman >Utopia< des englischen Humanisten Thomas Morus

44

mindest modellhaft in der Realität im >bewussten Sein< umzusetzen. 1663 begann die Geschichte der von den Auswanderern getragenen radikal-religiösen Siedlungsexperimente in Amerika. Sie kamen vor allem aus Süd- und Mitteldeutschland, aber auch aus England und Frankreich.

Es gab viele Gründe, dass gerade die Vereinigten Staaten zum Schauplatz breit angelegter Experimente europäischer utopischer Sozialisten, als auch religiöser Sektierer aller Nationen wurden. Alle, die soziale oder religiöse Experimente anstellten, hofften in der Regel, dass sich nach Gründung und Verwirklichung ihres Modells daraus eine neue, vollkommenere Gesellschaft entwickeln würde. Zu diesem Zweck benötigten ihre Begründer in fast allen Fällen große Flächen billigen Landes, da sie ihre Haupteinnahmen und die für ihre eigene Reproduktion (bzw. Senkung ihrer Lebenshaltungskosten) nötigen Lebensmittel durch Landwirtschaft deckten. Außerdem waren sie bestrebt, möglichst großen Abstand von der >alten Welt< mit ihren verderblichen Einflüssen zu erlangen. Diese Bedingungen erfüllte Amerika am Anfang und in der Mitte des 19. Jahrhunderts." [28]

Im Weiteren wurden Berichte von Erfahrungen in anderen Kulturen von Bedeutung. Hierzu nur ein Beispiel:

„Bilbo, ein Individualanarchist und Bohemien stieß auf seinen Abenteuerreisen auf eine mexikanische Indianersiedlung und erlebte sie als eine Gemeinschaft von freien, glücklichen Menschen, die aus eigenen Kräften unauffällig schaffen und nicht fordern, sondern immer nur geben.

>Immer wieder musste ich Vergleiche anstellen mit der zivilisierten Welt, aus der ich kam. Keines ihrer Güter, keine ihrer Freuden, die sie anboten, hielten mehr stand. Alles war unecht. Nichts befreite, nichts machte glücklich, nichts machte stark. ... Ich wusste, was ich ablehnte. Bei den Indianern fand ich die andere, die viel wichtigere Hälfte: das Positive, das Vorbild, das Ziel. ... So fand

---

[28] Jan Peters: Die Geschichte alternativer Projekte, S. 14

45

ich bei den mexikanischen Indianern den Himmel auf Erden.<
[Käpt'n Bilbo: Rebell aus Leidenschaft. Abenteurer, Maler, Philosoph, zitiert nach: Helmut Kreuzer: Die Boheme, Stuttgart 1968, S. 316]."[29]

Zum Abschluss dieser Ära soll hier noch **Jean-Jacque Rousseau** (1712 - 1778) aufgenommen werden, der eine zentrale Rolle für die Begründung der bis heute bestehenden Verhältnisse spielt.

„>Es war ein Erdrutsch<, erklärte Glaeser, >hervorgerufen durch die Hand eines schwächlichen, kränklichen Menschen, der es verstand, den Hebel zu ergreifen, um den angestauten Wassern die Schleusen zu öffnen. Rousseau entfesselte Kräfte und Gefühle, die, durch eine Reihe von Generationen verdrängt, plötzlich wie eine Sturmflut hochstiegen und den Plan des Bewusstseins überschwemmten. Sein *Contrat social* erschütterte das gesellschaftliche und schließlich das staatliche Gefüge [> *Französische Revolution*]. Sein *Èmile* fegte die altgewohnten Erziehungsmethoden hinweg und veränderte die private Sphäre von Grund auf. In seinem Roman *Heloise* erneuerte er das Gefühlsleben ganzer Generationen, das erstarrt zu sein schien in Konventionen und Lebenslügen. Er war mehr als ein Reformator. Er war ein Veränderer von Substanz und dem Weltgefühl des Menschen her, er war das Sprachrohr zahlreicher Strömungen und Gefälle, die bis in unsere Zeit reichen, vom Naturrecht bis zur Jugendbewegung, von den Logen bis zu den Methoden der Psychoanalyse."[30]

„Wie konnte es geschehen, dass ein Mann, der, in Armut geboren, verstoßen von Gesellschaft und Kultur, mit Voltaire, Diderot, der >Enzyklopädie< und dem Zeitalter der Vernunft [*des Rationalismus!*] hadernd, von Ort zu Ort getrieben als gefährlicher Rebell, des Verbrechens und des Wahnsinns verdächtigt – wie war es möglich, dass dieser Mann nach seinem Tode über Voltaire triumphierte, die Religion neu belebte, die Erziehung umgestaltete, die

---

[29] Jan Peters: Die Geschichte alternativer Projekte, S. 103
[30] Georg Holmsten: Jean-Jacques Rousseau, S. 8

Moral Frankreichs veredelte, die romantische Bewegung und die Französische Revolution inspirierte, die Philosophie Kants und Schopenhauers, die Dramen Schillers und die Romane Goethes, die Gedichte von Wordsworth, Byron und Shelley, den Sozialismus von Marx und die Ethik von Tolstoi beeinflusste und, alles in allem, eine größere Wirkung auf seine Nachwelt ausübte als alle andern Schriftsteller und Denker des 18. Jahrhunderts?" [31]

Von besonderer Bedeutung hierbei wurde Rousseaus >Diskurs über den Ursprung der Ungleichheit unter den Menschen (**1753**).

„Ich habe versucht, den Ursprung und Fortschritt der Ungleichheit, das Zustandekommen und den Missbrauch der politischen Gesellschaft zu erklären, indem diese Dinge aus der Natur des Menschen rein vernunftgemäß begründet werden [...]. Aus dieser Darstellung ergibt sich, dass die Ungleichheit im Naturzustand so gut wie gar nicht vorhanden war, ihre Gewalt und Größe durch die Entwicklung unserer Fähigkeiten und den Fortschritt des menschlichen Geistes erlangte, bis sie schließlich durch die Schaffung des Eigentums sowie der Gesetze dauerhaft und legitim wurde. Es verstößt gegen das Gesetz der Natur, dass eine Hand voll Menschen im Überfluss erstickt, während es der ausgehungerten Menge am notwendigsten fehlt." [32]

---

[31] Ariel & Will Durant, zitiert nach: G. Holmsten: J.J. Rousseau, S. 167
[32] zitiert nach: Georg Holmsten: Jean-Jacques Rousseau, S. 72

„Das eine wenigstens lernte ich bei meinem Experiment: wenn jemand vertrauensvoll in der Richtung seiner Träume vorwärts schreitet und danach strebt, das Leben, das er sich imaginisierte, zu leben, so wird er Erfolge haben, von denen er sich in gewöhnlichen Stunden nichts träumen ließ."

Henry D. Thoreau: Walden (S. 314)

3 Zur Entwicklung der Neuen Kultur

Es bieten sich in der langen kulturgeschichtlichen Entwicklung mit den vielfältigsten historischen und ethnologischen Befunden eine Fülle an Anhalten für ein Verständnis der Neuen Kultur. Von Anfang der historischen Entwicklung am Ende der Eiszeit an entstanden Bemühungen, die aufgekommenen Probleme zu beheben, und von diesen Bemühungen, neuen Erfindungen und vertieften Erfahrungen kam es auch zu der Entwicklung von Fortschritten.

Mit dem langsam entstehenden Überblick über den tatsächlichen geschichtlichen Prozess wird es möglich, diesen Prozess nun darauf hin zu analysieren, aus welchen genauen Gründen bestimmte Probleme entstanden sind, welche Lösungen und Entwicklungen sich als Vorteil, welche sich als Fehleinschätzungen erwiesen haben und was eher zu einer Steigerung und Eskalation der Probleme geführt hat.

Es ist auch immer noch lohnend, sich mit andersartigen Kulturtraditionen zu befassen, so insbesondere mit den Alten Kulturen wie auch mit den asiatischen Philosophien und Übungen.

Worauf etwa auch Mumford (s.o.) verweist, erklären sich etliche ältere als >Religion< oder mitunter auch als >Philosophie< bezeichnete Ansätze und Bewegungen im Eigentlichen als Widerspruch gegen eine verfahrene Tradition und als Ansätze von Befreiung und einer Neuen Kultur. Die Schwierigkeit hierbei ist, dass sie auf damaligen Weltanschauungen und einem früheren Wissensstand aufbauen. So lässt sich wohl einiges von ihnen lernen. Doch soll dies hier nicht weiter aufgenommen werden, weil das jeweils mit einigem Diskussionsbedarf verbunden ist.

Auch der Bereich der Philosophie kann durchaus spannend sein und allgemein *relevante Erkenntnisse und Themen beinhalten. Dies alles kann im Rahmen dieses Buch nicht sinnvoll behandelt werden. Hier soll lediglich auf den Aspekt verwiesen werden, dass die Instrumentelle Vernunft bei uns gemeinhin schon für die entscheidende Kulturelle Vernunft gehalten wird. Die technisch-instrumentelle Intelligenz baut auf Physischem und Wörtern (als der neurologischen Ebene der Hominiden) auf, die Kulturelle Intelligenz auf einer menschlich entwickelten Empathie zum >Lebendigen< (als der neuen humanevolutionär entwickelten neurologischen Ebene).*

Zu Sokrates (469 – 399 v.Chr.):
„Der eigentliche Kern in Sokrates' Wirken war, dass er die Menschen nicht belehren wollte. […] Er unterrichtete also nicht wie irgendein Schullehrer. Nein, er *führte Gespräche.* […]
Das ist wichtig für den ganzen restlichen Kurs, dass du den Unterschied zwischen Sophist und Philosoph verstehst. Die Sophisten ließen sich für ihre mehr oder minder spitzfindigen Ausführungen bezahlen […]. Ein echter Philosoph, Sofie, ist etwas ganz anderes, ja, das genaue Gegenteil. Ein Philosoph weiß genau, dass er im Grunde sehr wenig weiß." [33]

Zu Platon (427 – 347 v. Chr.):
„Alle seine Jugendschriften sind gegen die Sophisten gerichtet. […] Für diese Leute hat Platon umsonst geschrieben […] Sie sind daher in seinen Augen nur Liebhaber des Wortes (philologoi), aber nicht des Gedankens und seiner Weisheit (philosophoi), weil die Reife des Geistes fehlt, sein Wahrheitsbewusstsein und das Wertgefühl der sittlichen Vernunft. Es gibt eine ewige Sophistik, die immer den Schein mehr lieben wird als das Sein. […] In einer Weltanschauung, die [*von daher*] an Leistung und Macht allein orientiert ist, wird der Egoismus zur Notwendigkeit werden. Man kann ihn dann maskieren, kann die Lüge Propaganda heißen und den Diebstahl Gemeinwohl, aber bei der Tatsache der bloßen Macht wird es bleiben." [34]

---

[33] Jostein Gaarder: Sofies Welt [*ein Roman!*], S. 82, 84 f.
[34] Johannes Hirschberger: Kleine Philosophiegeschichte, S. 22

Ähnliches gilt für etliche bisherige politische und gegenkulturelle Konzeptionen. Ursprünglich wollte ich (CR) einiges aus der Geschichte des Sozialismus und der Alternativ-, Frauen- und Friedensbewegung usw. in diesem Buch aufnehmen. Wenn hier nun darauf verzichtet wird, bedeutet das auf keinen Fall, diese Beiträge als unwichtig einzuschätzen. Doch angesichts der Komplexität der Inhalte und der vielfältigen immer noch offenen Kontroversen ergab sich der Eindruck, dass hier kürzere Hinweise leicht eher Probleme aufwerfen als weiterführend sind.

Es ist durchaus von Relevanz und Interesse, neben der Geschichte im Allgemeinen im Besonderen die Einsichten der verschiedenen früheren Neuansätze aufzunehmen, die Erfahrungen mit ihnen zu studieren und aus dem heutigen Blickwinkel neu zu diskutieren. Wir können auf Anfrage einige Vorträge und Seminare als *Einstieg* anbieten. Entsprechendes wäre bei Interesse auch als ein Element in den Kommunikations-Gruppen und den Gruppen Neuer Kultur möglich.

Die nachfolgenden Punkte in diesem Abschnitt sind in der Hinsicht ausgewählt, dass sie gewisse Ideen vermitteln können, in welchen Formen wir uns die Entwicklung der Neuen Kultur bzw. unserer Arbeit zur Neuen Kultur vorstellen können.

Es sollte freilich verständlich sein, dass bestimmte Debatten ohne eine gute Grundlage im Verstehen von dem, was Sprache und was Kommunikation sind, nicht sonderlich viel Sinn ergeben.

Für weitergehende Auseinandersetzungen, Recherchen oder auch schriftliche Abfassungen sind Arbeitsgruppen (AGs) oder auch Kooperationen (auch zu zweit) vorstellbar. Im Grundsätzlichen besteht hierbei von meiner Seite (CR) aus ein Interesse daran, doch ist hier recht genau zu sehen, was sinnvoll und was hier vom Praktischen (für mich) leistbar ist.

„Die materiellen Voraussetzungen für die Machbarkeit unserer Geschichte sind gegeben. Die Entwicklungen der Produktivkräfte haben einen Prozesspunkt erreicht, wo die Abschaffung von Hunger, Krieg und Herrschaft materiell möglich geworden ist. Alles hängt vom bewussten Willen der Menschen ab, ihre schon immer von ihnen gemachte Geschichte endlich bewusstzumachen, sie zu kontrollieren, sie sich zu unterwerfen [*besser: sie sich anzueignen …*].“ [35]

„Wir sind nicht hoffnungslose Idioten der Geschichte, die unfähig sind, ihr eigenes Schicksal in die Hand zu nehmen. […] Wir können eine Welt gestalten, wie sie die Welt noch nicht gesehen hat: eine Welt, die sich auszeichnet, keinen Krieg mehr zu kennen, keinen Hunger mehr zu haben, und zwar in der ganzen Welt. Das ist unsere geschichtliche Möglichkeit – und da aussteigen?“ [36]

„[…] der sozialistische Gedanke * – wir verstehen darunter die Mündigmachung des Menschen und die Aufhebung der Ausbeutung des Menschen durch den Menschen […].“ [37]

Rudi Dutschke

* *Wir sprechen hier lieber von >Neuer Kultur<, um historische Missverständnisse zu vermeiden. Die Lektüre Rudi Dutschkes ist noch immer interessant, doch belegt sie auch einige Probleme früher Vorstellungen.*

---

[35] Rudi Dutschke: Mein langer Marsch, S. 87 f. S. auch: Ulrich Chaussy: Die drei Leben des Rudi Dutschke, S. 155
[36] Rudi Dutschke: Mein langer Marsch, S. 52
[37] Ulrich Chaussy: Die drei Leben des Rudi Dutschke, S. 48; Rudi Dutschke: Mein langer Marsch, S. 141

Die Neue Gemeinschaft

Seit Jahrhunderten ist die neue Weltanschauung im Werden. Aber sie war bislang nur ein Gegenstand des Wissens und der Spekulation. Noch hat sie nicht Wurzel gefaßt in den Tiefen des Empfindens, noch sich nicht umgesetzt in Leben und That. Und noch hat sie nicht jene großen Erregungen ausströmen können, die aus der innigen Verbindung Gleichstrebender hervorgehen, noch ist dem reichen Inhalt die letzte Ausgestaltung versagt geblieben.

Was bislang Werden war, will unsere Gemeinschaft zur Reife bringen, was Sehnsucht war, will sie erfüllen, das Hoffen zu Gewißheit, das Wissen zu Leben, das Wollen zu That erhöhen.

In inniger Verschmelzung von Religion, Kunst, Wissen und Leben sucht die Neue Gemeinschaft das Menschen- und Menschheitsideal, die Vollendung des Einzelnen und der Gesamtheit zu verwirklichen.

Ein Projektversuch 1900, der nicht lange funktioniert hat.
S. dazu mehr in Jan Peters: Die Geschichte alternativer Projekte, *S. 100 f.*

3.1 Zu den Ansätzen um 1900

Vor >Rousseau< standen die Ansätze der Entwicklung Neuer Kultur durchweg unter religiösen Vorzeichen. Das Bedeutsame von Rousseau liegt darin, die verschiedenen Bereiche an gesellschaftlicher Kritik und Neuansätzen auf eine säkular denkende und argumentierende Basis gestellt zu haben. Mit der US-amerikanischen Unabhängigkeits-Erklärung und der Französischen Revolution entsteht historisch eine neue Stufe an politischen und kulturellen Neuansätzen.

In den 1890ern kommt es hier zu einem neuen Sprung. Dies erklärt sich sowohl aus den Weiterentwicklungen der politischen und kulturellen Neuansätzen seit der Französischen Revolution und den Vorteilen der Industriellen Revolution als auch aus den Weiterentwicklungen der Systemprobleme in den Nachteilen der Industriellen Revolution und in den politischen Spannungen im Vorfeld des 1. Weltkrieges.

In politischer Hinsicht kann man hier zwei Daten als bezeichnenden Anhalt nehmen. Das eine Datum verknüpft sich damit, dass sich nach 12 Jahren Verbot der 1878 gegründeten Sozialistischen Arbeiterpartei Deutschlands 1890 dieses Verbot nicht mehr halten lässt. Mit den neuen gesellschaftlichen Möglichkeiten nennt sich diese Partei in >Sozialdemokratische Partei Deutschlands< (SPD) um. Das andere Datum verbindet sich 1892 mit der Gründung einer >Friedensgesellschaft< (DFG, heute DFG/VK) selbst in Deutschland.

Auf der kulturellen Ebene kommt es seit den 1890ern zu vielfältigen Neubildungen, vom >Wandervogel< und einer Jugend-Bewegung (>Jugendstil<) zu einer >Lebens-Reform-Bewegung< (u. a. Kleidung, FKK, vegetarische und ökologische Ansätze, was sich im Namen >Reform-Haus< als den ersten Bio-Läden erhalten hat) bis hin zum Expressionismus.

3.1.1 Zur Anthroposophie

Auch die >Anthroposophie< gehört in den Kontext der in den 1890ern aufkommenden Neuansätze. Hier wird sowohl die säkulare als auch die kirchliche Tradition als zu entfremdet erlebt.

Ihre Impulse erhält die Entwicklung der Anthroposophie von den in Europa aufgekommenen Rückgriffen auf asiatische Formen wie Daoismus, Buddhismus und Hinduismus (z. B. Yoga), in der Anthroposophie in Form der >Theosophie<. Interessant und bezeichnend ist hier die Wendung von der >Theosophie< zu einer >Anthroposophie< (>Weisheit bzgl. des Menschseins<).

Was hier bzgl. der >Anthroposophie< interessant ist, ist ihr Versuch, in der Auseinandersetzung mit >Kultur< und der menschlichen Anlage eine **neue Kultur** zu entwickeln: über Übungen von der Sprech- und Selbsterziehung bis hin zu den unterschiedlichsten sozialen Projekten in einem ganzen Netzwerk, von der Nahrungsproduktion (samt Ökologie: >Demeter<) bis hin zu Schulen, Universitäten, Firmen und Ansätzen neuer Forschungen.

Als ein gewisses Problem der >Anthroposophie< erscheint jedoch, dass ihr äußerer gesellschaftlicher Erfolg durch eine gewisse Erstarrung zu Ideologie durch eine Fixierung auf eine Führer-Figur entstand. In der >Anthroposophie< sind immer noch produktive Ansätze der Entwicklung einer Neuen Kultur zu sehen. Doch ist das Markenzeichen >Anthroposophie<, was diese erst zu einer gesellschaftlichen Institution erhob, auch mit dem Problem von Ideologie und >spezieller Strukturen< verbunden.

3.1.2 Ascona Monte Verità

„Ascona in uns. [...] Man kann schnell zu dem Ergebnis kommen, ein halbes Jahrhundert später ist Ascona überall [*in den Bewegungskontexten...*]." (s.u.)

Welche Bedeutung selbst von einem einzigen Projekt ausgehen kann, belegt sich historisch im Besonderen mit >Monte Verità< in/bei Ascona (CH).

Dieses Projekt namens >Monte Verità< (>Berg der Wahrheit<) wurde 1900 von Henri Oedenkoven (1875 – 1935), Sohn eines reichen Antwerpener Großindustriellen, und Ida Hofman (1864 – 1925) [38] gegründet.

Zu Henri Oedenkoven heißt es:

„Er wuchs in dem konventionellen Milieu einer verwöhnten und gelangweilten Gesellschaftsklasse auf. Gedankenlos genießt er alle Vergnügungen, das Wohlleben ohne Verantwortung und Ziel. Aber mit der Zeit büßt er sein frisches Wesen ein, seine Spannkraft lässt nach. Er erkennt, wie sinnlos und verfälscht sein Leben, das Leben seiner Umgebung ist. Seine kritischen Instinkte werden wach. Er beginnt zu beobachten, zu denken. Auf einmal durchschaut er den Schwindel der Zivilisation. Ein Abgrund tut sich vor ihm auf.
Er ist schwerkrank. Kein Arzt kann ihn heilen. Jahrelang kämpft er gegen den Tod. Sein Zorn über das sinnlose Dasein, das seinen Körper verdorben hat, wandelt sich in entschiedene Ablehnung der unnatürlichen Lebensweise. Reformgedanken bilden sich. Er grübelt, lernt, studiert. [...]

---

[38] s. zu Henri Oedenkoven und zu Ida Hofmann die kuren Artikel mit Fotos in Wikipedia

Nochmals wagt der Kranke einen Versuch. Er begibt sich in die Behandlung eines Leipziger Naturheilkundigen. Dieser Mann rettet ihn aus seinem trostlosen Zustand. Ein Wunder ist geschehen. Die Natur hat es vollbracht. Der junge Mensch lebt auf. Jetzt werden seine unbestimmten Pläne zum System. Der Geheilte geht einen neuen Weg. Das Erlebnis der Gesundung erfüllt ihn so stark, dass er schon nach den ersten Schritten die Stimme erhebt, um seine Mitmenschen der neu gewonnenen Erkenntnis teilhaftig werden zu lassen." [39]

Henri Oedenkoven und Ida Hofmann lernen sich im Sommer 1899 in der Naturheilanstalt Rikli in Veldes kennen (damals Österreich, heute Slowenien).

Ida Hofmann, die seit einem Jahr Musikunterricht gibt, geht es ähnlich wie Henri Oedenkoven:

„Sie ist ein bisschen gemütskrank [...]. Sie spürt die Diskrepanz zwischen der Gesellschaft und den Gesetzen der Natur. Die Ethik, welche Eltern, Pastoren und Lehrer ihr eingepflanzt haben, steht in krassem Gegensatz zur Wirklichkeit. Sie bekennt, dass sie dieses Leben hasst, weil es sich auf Egoismus, Luxus, Schein, Heimlichkeit, Lüge und Heuchelei aufbaut. Kummer und Resignation verdüstern ihr Leben. Sie weiß keinen Ausweg."

Als Henri Oedenkoven Ida seine Pläne vorstellt, ist sie davon angetan und schließt sich seinen Vorhaben an. Sie finden für ihr Siedlungsprojekt bei Ascona ein Gelände, das sie mit weiteren Leuten günstig erwerben können. Dort errichten sie Gebäude und Hütten. Für seine >Naturheilanstalt< ließ Oedenkoven ein größeres und ansehnliches >Gesellschaftshaus< bauen, das viele Besucher empfing.

---

[39] Robert Landmann: Ascona Monte Veritá, Auf der Suche nach dem Paradies, S. 13 - 15

Nicolaus Sombart schreibt mit Bezug auf das Buch von Martin Green: *Mountain of Truth – The counterculture begins. Ascona 1900 – 1920 [1925?]* (University Press of New England, Hanover 1986) über die Bedeutung dieses Projekt Monte Veritá:

„Ascona wird uns präsentiert als eine Filiale – als ein Vorort gewissermaßen – von [*München* -] Schwabing, als Treff- und Sammelpunkt aller wichtigen Geister und Strömungen, die in Opposition zur herrschenden, durch Berlin symbolisierten Kultur auf der Suche nach Freiheit, nach neuen Lebensformen und Sonne im Süden eine Zuflucht suchten. Wer nicht alles nach Ascona strebte! […]

Man findet einen fast vollständigen Katalog aller Exponenten und Repräsentanten der wilhelminischen Gegenkultur: Anarchisten, Theosophen, Lebensreformer, Vegetarier, Religionsphilosophen, Mystiker, Feministinnen, Heilpädagogen, Dichter und natürlich Künstler aller Sparten, Protagonisten des Ausdruckstanzes und der freien Liebe: Mühsam und Landauer, Laban und Mary Wigman, Tillich und C. G. Jung. Spaltenlang könnte man Namen aufführen, und mit vielen ist ein Überraschungseffekt verbunden. Natürlich stoßen wir auf Otto Gross, den Initiator neuer Lebensformen […].
Was in Ascona geschah, geschah ohne einheitliches Programm. Jeder verfolgte seine Ideen für sich, es bildeten sich kleine Kreise, Gruppen und Grüppchen, aber keine Schulen. Die Impulse, die von hier ausgingen, wirkten sich oft ganz woanders aus – im >Norden<. Jede Avantgarde fand hier Stützpunkt: Expressionismus, Dadaismus, Surrealismus.

Erst auf Ascona bezogen, erkennt man, wie sie alle zusammenhängen, von Ascona aus kann man sehen, wie die Peripherie in das Zentrum zurückwirkt, wie der >Süden< in den >Norden< zurückschlägt, ein >back-lash<. […]

Es ist leicht, Verbindungslinien nach Berkeley, in den Pariser Mai, zu den Berliner Kommunen, zu Friedensbewegung, Emanzentrum, Schwulenbewegung und Grünen zu ziehen. Das tut Green auch. Man kann schnell zu dem Ergebnis kommen, ein halbes Jahrhundert später ist Ascona überall – nur nicht mehr in Ascona. […]." [40]

Zu >Monte Veritá< s. auch den Artikel mit Fotos in Wikipedia. Dort wird auch von der Vorgeschichte des Projekts berichtet, und dort lässt sich Weiteres über die verschiedensten Personen ganz nach Bedarf aufnehmen.

3.1.3 Esalen

Ein neueres bedeutsames Projekt war das Esalen-Institut in Kalifornien. Es wurde 1962 als Zentrum für humanistisch ausgerichtete interdisziplinäre Studien und Kongresse gegründet, wo bekannte und bedeutende Persönlichkeiten wie u.a. Aldous Huxley und Carl Rogers Veranstaltungen durchführten. Weiterhin veranstaltete es auch bedeutsame Festivals, auf denen bekannte Musiker wie Bob Dylan, Bruce Springseen und Bands wie Creedence Clearwater Revival spielten. [41]

***

Heute könnten gute Netzwerk-Kontexte eine solche Funktion der (Weiter-) Entwicklung einer Neuen Kultur durch Begegnungen, inhaltliche Auseinandersetzungen, für eine Kommunikations-Kultur (s. u.), für Experimente und eine weitere Netzwerk-Bildung usw. übernehmen. Orte für Treffen und Tagungshäuser gibt es eigentlich genügend. Was es braucht, ist eine gewisse Entsprechung in der Ausrichtung. Das Hauptproblem liegt bislang in einer mangelnden Koordination und einer mangelnden Befähigung zu wirklicher Kommunikation.

---

[40] Nicolaus Sombart: Ascona in uns, in: taz 11.10.88, S. 11 f.
[41] S. dazu mehr bei Wikipedia: Esalen-Institut

3.2 Telotopia

Früher wurde darauf verwiesen, dass die >Utopie< gar nicht geplant werden könne und auch als Eingriff in die Selbstbestimmung anderer nicht dürfe. Diese Verweise hatten im 19. Jh. ihr volles Recht. Man konnte bei den verhältnismäßig frühen Formen der Industrialisierung noch gar nicht abschätzen, worauf die historische Entwicklung im Weiteren hinauslaufen würde. Auch waren die damaligen Gesellschaften noch so stark von landwirtschaftlicher und handwerklicher Arbeit bestimmt, dass sich hier der entscheidende Punkt damit verknüpfte, dass die Bevölkerung die politische Entscheidungsebene in die Hand bekam. Dabei ging es freilich um die volle Bestimmung seiner gesellschaftlichen Selbstorganisation, die aufgrund der Möglichkeit der sozialen Selbstversorgung bei der bestehenden landwirtschaftlichen und handwerklichen Struktur noch in einem umfassenden Sinn vorstellbar war.

Doch spätestens die Russische Revolution hat gezeigt, dass unter den entstandenen Produktionsverhältnissen ein Verzicht auf die Auseinandersetzung mit den angestrebten Zielen seiner Kulturformen die Bevölkerung zur entmündigten Planungsmasse der Politik und Ökonomie macht. Das Totalitarismus-Problem liegt in der Industriegesellschaft noch deutlich höher als in der Feudalgesellschaft. In den früheren Kulturen war man allgemein dazu in der Lage, sich selbst seine Hütten zu bauen. Doch bei uns bei dem Bau selbst eines einfachen Einfamilienhauses auf eine architektonische Planung zu verzichten, bedeutet zumindest ein höchst teures Unterfangen. Bei größeren Bauvorhaben ist das Scheitern jedoch vorprogrammiert.

Ohne entsprechende kulturarchitektonische Auseinandersetzungen mit einer wünschenswerten gesellschaftlichen Anlage wird eine solche heute gar nicht möglich werden, und mögen die ökologischen Probleme usw. noch so drängend sein. Andersartige Fantasien zeigen nur, dass man die historische Entwicklung der logistisch-strukturellen Grundlagen und Konsequenzen unserer gesellschaftlichen Anlage noch gar nicht in den Blick bekommen hat.

Doch umgekehrt verfügen wir heute über eine historisch-kulturelle Erfahrungsbasis, die solche kulturarchitektonischen Auseinandersetzungen über eine wünschenswerte Kultur der Zukunft möglich machen. Anders als im 19. Jahrhundert liegt der technologische Entwicklungsstand inzwischen hoch genug, dass z. B. selbst eine Weltraum-Forschung bei Interesse auch auf einer anderen gesellschaftlichen Organisationsbasis weitergeführt werden kann, ja langfristiger sogar besser.

Eine kulturarchitektonische Planung bedeutet unter der Voraussetzung entsprechender Auseinandersetzungen und Debatten in der Bevölkerung keinen Eingriff in die Selbstbestimmung zukünftiger Generationen, sondern ist, ganz im Gegenteil, längst sogar die unabdingbare Prämisse dafür, dass zukünftige Generationen über die Möglichkeit eines wirklich selbstbestimmten Lebens verfügen können, wovon bislang insgesamt keine Rede sein kann.

Mit dem Überblick über die humanevolutionäre Entwicklung, über die historische Entwicklung und über die unterschiedlichsten Kulturformen besteht heute das notwendige Potential für eine solche kulturarchitektonische Planung einer menschlich und ökologisch wirklich >wünschenswerten Kultur< (der Zukunft).

Es lassen sich Aussagen darüber machen, worin die allgemeinen menschlichen Grundbedürfnisse bestehen (s. z. B. das Modell von Maslow), dass daraus ebenso wie vor den historischen Problemen ab dem Ende der Eiszeit gar kein grundlegender äußerer Widerspruch zur Selbstbestimmung der individuellen Persönlichkeit bestehen muss. Wohl besteht von Natur aus ein Spannungsverhältnis zwischen Individuum, Beziehung/Familie und Sozialleben. Doch da dies umgekehrt auch gegenseitig aufeinander angewiesen ist, war mit der Befähigung zu wirklicher Kommunikation das denkbar größte reale Optimum in der Praxis erreichbar. Während Individualismus und Kollektivismus im un-

61

produktiven Widerspruch zueinander stehen, bedingen sich Individualität und Gemeinschaftlichkeit in Wirklichkeit gegenseitig. In diesem Verstehen liegt auch der Ansatz der Neuen Kultur.

Diese kulturarchitektonische Auseinandersetzung mit einer >wünschenswerten Kultur< der Zukunft als einer ökologisch dauerhaften Anlage nennen wir Telotopistik. Diese Telotopistik beginnt wie eine architektonische Planung mit ggf. recht utopisch fantasierten Zielvorstellungen, doch geht sie anders als die bloße Utopie über nähere Klärungsprozess hin zu realen Planungsprozessen einer neuen gesellschaftlichen Anlage.

Um ein erstes Beispiel einer solchen kulturarchitektonischen Auseinandersetzung mit einer wünschenswerten Kultur der Zukunft vorzustellen, haben wir unter dem Titel >Telotopia< in einem Buch ein entsprechendes Modell vorgestellt (es gibt dazu auch eine gekürzte Fassung und davon jeweils eine Ausgabe in einem billigen Druck und einem besseren Druck des Fotomaterials mit einigen wenigen Farbseiten. Vielleicht findet sich noch ein Verlag, der noch eine besser produzierte Fassung herausbringt).

Diese Konzeption soll hier an dieser Stelle nicht weiter diskutiert werden. Dafür sei auf das Werk >Telotopia< selbst verwiesen. Es ist auch zur Veranschaulichung umfassender mit Fotos illustriert. Doch ist auf jeden Fall eine >wünschenswerte Kultur der Zukunft< vorstellbar, entwickelbar und dann bei entsprechenden gesellschaftlichen Klärungen heute auch sehr gut realisierbar. Eine solche Entwicklung würde sich auch sehr bald für alle rentieren.

3.3 Psychologische Einsichten

Einerseits war das Aufkommen der Psychologie von größter Bedeutung für das Verständnis und der Lösung der menschlichen Probleme. Andererseits bedeutete es recht bald eine Verlängerung und Verschärfung der bestehenden Probleme. So meint der Sozialpsychologe Erich Fromm:

> „Jeder, der sich für Psychologie interessiert, sollte sich der Tatsache bewusst sein, dass die zwei Arten von Psychologie kaum mehr als den Namen gemeinsam haben und dass sie entgegengesetzte Ziele verfolgen." [42]

Leider liegt die Sache in Theorie und in der Praxis heute noch deutlich komplizierter, als einfach nur zwei Arten von Psychologie zu sehen. Bei den früheren Konzeptionen von Humanevolution und Geschichte gab es keine hinreichenden Möglichkeiten, die psychologischen Theorien in Bezug auf ihre Einsichten, Arbeitsformen und Wirkungen zu klären.

Die neueren Einsichten in Humanevolution und Geschichte ergeben, dass die historische Problematik der menschlichen Entfremdung und kulturellen Verwahrlosung weder evolutionär noch psychologisch, sondern in den Notstandsproblemen in den gigantischen Naturkatastrophen am Ende der Eiszeit in einer menschlich unzureichend entwickelten kulturellen Software bzw. unzureichenden Installation an Software begründet ist. Doch hatte dies auch innerpsychische wie sozialpsychologische und gesellschaftsdynamische Folgen. Die bestehenden gesellschaftlichen Probleme können nicht allein wirtschaftlich

---

[42] Erich Fromm: Vom Haben zum Sein, S. 113

und/oder politisch begriffen und gelöst werden. So meint der Sozialpsychologe Erich Fromm aufgrund entsprechender Studien:

„Der moderne Kapitalismus braucht Menschen, die in großer Zahl reibungslos funktionieren, die immer mehr konsumieren wollen, deren Geschmack standardisiert ist und leicht vorausgesehen und beeinflusst werden kann. Er braucht Menschen, die sich frei und unabhängig vorkommen und meinen, für sie gebe es keine Autorität, keine Prinzipien und kein Gewissen - und die trotzdem bereit sind, sich kommandieren zu lassen, zu tun, was man von ihnen erwartet, und sich reibungslos in die Gesellschaftsmaschinerie einzufügen." [43]

Den entsprechenden psychischen >Charakter< (Bewusstseins-Formation) nennt Fromm >Marketing-Charakter<.

„Es gibt kein Identitätsgefühl [...]. Man hat weder Überzeugungen noch echte Ziele. Der Marketing-Charakter ist der vollkommen entfremdete Mensch. [...] Eben das ist der Typus, der den gesellschaftlichen Bedürfnissen entspricht. Man kann sagen, dass die meisten Menschen so werden, wie sie von der Gesellschaft gewünscht werden, um erfolgreich zu sein." [44]

Doch ist dies nichts Neues, sondern exakt das, was schon am Ende der Eiszeit die Probleme der historischen Entwicklung bis hin zu den Kriegen und zum Faschismus aufgeworfen hat.

Diese Problematik wird bereits in der gängigen Form von „Kommunikation" gut ersichtlich. Bei allen Emotionen bringt man sich als Objekt und/oder theaterartig ein. Die Ebene von >Mensch zu Mensch< wird selten erreicht. Es ist ein echter Lernprozess, diese eigentlich natürliche Ebene überhaupt wieder in den Blick zu bekommen und beherrschen zu lernen.

---

[43] Erich Fromm: Die Kunst des Liebens, Großdruck S. 131
[44] Erich Fromm: Leben zwischen Haben und Sein, S. 28

Zu Erich Fromm

„Wir müssen den *wirklichen* Menschen wieder entdecken." [45]

Der Sozialpsychologe Erich Fromm soll hier namentlich aufgenommen werden, da er als ein bedeutsamer Pionier und Wegbereiter der Neuen Kultur gelten kann.

Seine Literatur ist insgesamt empfehlenswert. Die Schwachstellen seiner Konzeption verknüpfen sich mit dem zu seiner Zeit gängigen Geschichtsbild, das mit einem idealistischen Kultur- und Bildungsverständnis einhergeht. Was jedoch immer noch für Fromm spricht, ist, dass er die psychologischen Einsichten auch auf die gesellschaftlichen Verhältnisse anzuwenden versuchte und hierbei auch Ansätze für eine positive Entwicklung zu erschließen versuchte.

Von besonderer Bedeutung erscheint mir immer noch sein vielleicht bekanntestes Werk >Die Kunst des Liebens<. Wenn seine Ausführungen auch recht begrenzt liegen, so enthalten sie hierbei doch einige Hinweise, die sich so einfach nicht in anderer Literatur finden. Interessant erscheint dabei seine Feststellung:

„Trotz unserer tiefen Sehnsucht nach Liebe halten wir doch fast alles andere für wichtiger als diese: Erfolg, Prestige, Geld und Macht. Unsere gesamte Energie verwenden wir darauf zu lernen, wie wir diese Ziele erreichen, und wir bemühen uns so gut wie überhaupt nicht darum, die Kunst des Liebens zu erlernen." (S. 18) [*]

---

[45] Erich Fromm: Leben zwischen Haben und Sein, S. 31
[*] Neurologisch betrachtet ist diese Einschätzung jedoch nicht ganz korrekt. Das Bemühen um Erfolg, Macht, Prestige, Attraktivität usw. ist nämlich von Eros/Liebe motiviert, aber in der Verhaltens-Anlage der Tier-Stufe

Hier abschließend soll noch folgendes Zitat aufgenommen werden, weil es eine Einsicht beschreibt, die sich nicht nur auf die private Liebe bezieht, sondern auf das Leben insgesamt.

„Der erste Schritt auf diesem Wege ist, sich klarzumachen, dass Lieben eine Kunst ist, genauso wie Leben eine Kunst ist; wenn wir lernen wollen zu lieben, müssen wir genauso vorgehen, wie wir das tun würden, wenn wir irgendeine andere Kunst, zum Beispiel Musik, Malerei, das Tischlerhandwerk oder die Kunst der Medizin oder der Technik lernen wollten." (S. 16 f.)

Dies gilt vor allem für eine andere Art zu leben.

Weder fallen eine erwachsenere Liebe noch tatsächlich gute Verhältnisse einfach vom Baum. Solche Vorstellungen verraten eine recht infantile Einstellung.[46] Diese Einstellung ist natürlich das Produkt der hiesigen Werbepropaganda und „Bildung". Doch bestehen bei unseren Verhältnissen immer noch Möglichkeiten, seine Emanzipation in die Hand zu nehmen.

In diesem Zusammenhang soll auch auf den Psychologen **Arno Gruen** (1923 – 2015) verwiesen werden. In seiner Literatur stellt sich eine Fortsetzung der Einsichten von Erich Fromm dar. Besonders eindrücklich fand ich (CR) sein Buch >Wider den Gehorsam<, das in sehr knapper Form sehr konzentriert die immer noch bestehende Problematik der Geschichte von Macht und Hörigkeit abhandelt, die etwa auch den Faschismus ermöglichte, was also keineswegs schon überwunden ist.

---

[46] Vgl. bei Fromm dazu: „Des Menschen Glück besteht heute darin, >seinen Spaß zu haben<. Und man hat seinen Spaß, wenn man sich Gebrauchsgüter, Bilder, Essen, Trinken, Zigaretten, Menschen, Zeitschriften, Bücher und Filme >einverleibt<, indem man alles konsumiert, alles verschlingt. Die Welt ist […] eine riesige Brust, und wir sind die Säuglinge […]." Erich Fromm: Die Kunst des Liebens, Großdruck S. 133

Zu Horst-Eberhard Richter

Auch Horst-Eberhard (1923 – 2011) ist in Bezug auf die Ansätze an Neuer Kultur in Deutschland ein wichtiger Name. Er war ursprünglich als Prof. Dr. med. Dr. phil. nach der Ausbildung zum Psychiater und Psychoanalytiker u. a. 1952 bis 1962 leitender Arzt der >Beratungs- und Forschungsstelle für seelische Störungen im Kindesalter< am Kinderkrankenhaus Berlin-Wedding. Von diesen Erfahrungen erschien 1963 sein Buch >Eltern, Kind und Neurose<.

Bedeutsam an Horst-Eberhard Richter ist, dass er sich als Arzt und Professor an der Uni Gießen seit den 1970ern in sozialpolitischen Gruppen und Kontexten engagierte. Von diesem besonderen Hintergrund her stammen seine Bücher wie u. a. >Lernziel Solidarität< (zuerst 1974), >Flüchten oder Standhalten< (zuerst 1976) und >Zur Psychologie des Friedens< (zuerst 1982). Diese Werke enthalten immer noch bedeutsame Erfahrungen und Einsichten, auch wenn sie in einigem inzwischen überholte Kontexte enthalten, insbesondere bei der damals wohl schon angegriffenen, doch immer noch gültigen Rollenkonzeption der traditionellen Kleinfamilie mit Hausfrau.

So lassen sich die Erfahrungen und Zustände der damaligen Initiativ- und Selbsterfahrungs-Gruppen nicht absolut unmittelbar auf das Heutige übertragen. Damals waren auch die psychologischen Einsichten jenseits der Fachausbildungen gesellschaftlich noch Neuland (und in den Polit-Kontexten sind sie oft heute noch nicht angekommen). Insofern zeigte sich in diesen Gruppen noch eine ziemliche psychologische Unbedarftheit, die auch gewaltig über die Stränge schlagen konnte, was diese Ansätze Mitte der 80er auch aus dem allgemeineren studentischen Kontext verschwinden ließen. Dafür bestand in den 70ern noch eine größere Offenheit, bei der auch manches noch deutlicher wurde, was man bald mit dem inzwischen verbreiteten vulgärpsychologischen Wissen deutlich geschickter zu tarnen und zu inszenieren verstand.

Hier kurze Schlaglichter aus dem Buch >Lernziel Solidarität<. Zuerst stellt Richter fest (was sich eher noch verschärft hat):

„Und dabei ergibt sich die bestürzende Wahrnehmung, dass alle vorliegenden Gesellschaftsformen der Industrienationen praktisch unter dem Druck des bislang betriebenen Expansionismus eine Daueranspannung der Menschen erzwungen haben, die einer Art von Dauermobilmachung gleicht. Merkmale dieser Dauermobilmachung sind eine einseitige Dressur zu Hyperaktivität und maximaler Leistung, ausgerichtet auf expansionistische Ziele, wach gehalten durch hohen Konkurrenzdruck […].“ (S. 10)

„Viele dieser neuartigen Wünsche brechen sich an der Rigidität unserer anachronistischen gesellschaftlichen Strukturen. Deren repressive Mechanismen werden denen am deutlichsten fühlbar, bei denen der Prozess der Transformation der Bedürfnisse bereits weiter fortgeschritten ist. Aber vieles von diesen Mechanismen ist auch verinnerlicht und blockiert als eigener innerer Widerspruch die Impulse der Selbstbefreiung oft bereits vor deren Zusammenprall mit den äußeren Zwängen. Man will sich solidarisieren und muss doch aus unbewusstem Drang rivalisieren. Man will sich den anderen Menschen öffnen – und kann es nicht.“ (S. 18 f.)

„Beginnt also die Kommunikationsschwierigkeit erst da, wo man nicht mehr auf kleinem Raum zusammen isst, schläft und spielt? Aber es zeigt sich, dass selbst das Paar und die Familie betroffen sind. […].“ (S. 24)

Von dort kommt Richter auf das Geschlechter-Thema, das aber damals noch in Teilen etwas anders gelegen hat als seit den 1980ern, als das Leitbild von der >Hausfrau und Mutter< auf die Berufstätigkeit wechselte. Darüber kommt er nach etlichen Seiten auf das Thema Individualismus.

„Es versteht sich an sich von selbst, dass man an den Leitbildern des alten bürgerlichen Individualismus nicht festhalten kann, wenn man zu einem Gemeinschaftsleben neuen Typs

kommen will. Dennoch unterschätzt man allzu leicht, wie tief die individualistischen Konzepte verwurzelt sind und viele Versuche zunichtemachen, Kommunikation und Solidarität in Gruppen zu verwirklichen. [...]
Eine sorgfältige Motivanalyse in solchen Gruppen deckt auf, dass die Einzelnen zwar unbedingt Gemeinschaft realisieren, aber insgeheim bestimmte egozentrische Positionen nicht preisgeben wollen. Bewusst wünschen sie nichts dringender, als das unhaltbar erkannte Prinzip des Egoismus durch das Prinzip der Solidarität zu überwinden. Aber unbewusst phantasieren sie vielfach eher eine Legierung beider Prinzipien, die an ihrem inneren Widerspruch scheitern muss." (S. 71 f.)

Daran schließt eine Auseinandersetzung mit Herbert Marcuse, einem wichtigen Namen der 68er Bewegung, an.

„Die Schwierigkeit vieler spontaner Gruppen, sich in hinreichend radikaler Weise mit den Gegenkräften des klassischen Individualismus auseinanderzusetzen, ist nach allem Anschein durch *H. Marcuse* gefördert worden. [...] Die Protestbewegung war sich wohl nie ganz darüber im Klaren, dass sie von *Marcuse* her ein Konzept mitbrachte, das ein sozialistisches Gesellschaftsbild mit ausdrücklich individualistischen Momenten zu verknüpfen versuchte und diesen Widerspruch nicht aufgearbeitet hatte. [...]
Der befreite Mensch im Sinne von [*Marcuses Buch*] >Eros und Kultur< (später >Triebstruktur und Gesellschaft<) (1957) erscheint gegenüber den Bedingungen der modernen Massengesellschaft wie ein reichlich anachronistisches Fabelwesen. [...]
Die antiautoritäre Bewegung verdeutliche jedenfalls in geradezu tragischer Weise den Widerspruch zwischen dem einerseits propagierten sozialistischen Solidaritätsprinzips und dem Neo-Individualismus, den *Marcuse* indirekt durch seine Theorie aktualisiert hatte. Wie er heute selbst erkennt, bekämpften die Antiautoritären mehr das mächtige Individuum in Gestalt der Väter, Lehrer, Chefs als die eigentlichen politischen Machtzentralen. Er wirft seinen Anhängern aus jener Phase nunmehr vor, sie hätten eigentlich nur ihren Ödipus-

komplex ausgelebt. >Kindisch und clownesk< nennt er heute ihre >pubertäre Revolte, die sich gegen das falsche Objekt richtet<. Und diese analytische Interpretation drängt sich in der Tat auf [...]." (S. 72; 74 f.)

Es ist hier nicht der Ort, auf Richters weitere Ausführungen einzugehen. Das heißt jedoch nicht, dass sie unerheblich wären, auf jeden Fall dann nicht, wenn man versucht, sozial näher in Kommunikation zu gehen. Richter endet hier etwa mit folgendem Ergebnis:

„Ich gehöre indessen zu denen, die diese Unterschätzung der psychischen Dimension nicht nur für objektiv unberechtigt, sondern vor allem auch für einen verhängnisvollen politischen Fehler halten. Und ich stimme hier, wie gesagt, *Marcuse* vollkommen zu, dass progressive gesellschaftliche Änderungen nur gestaltet und durchgehalten werden können von Menschen, die sich auch psychisch ändern und mit dieser inneren Umerziehung bereits lange zuvor begonnen haben." (S. 316)

In dem Buch >Flüchten oder Standhalten< werden einige Aspekte weiterentwickelt. Hier sollen nur einige Kapitel-Titel als Schlaglichter aufgeführt werden:

1. Kapitel: Wir sind in Gefahr, uns unbewusst in ein Spiegelbild der uns manipulierenden Umwelt zu verwandeln

4. Kapitel: Unbewusste Hörigkeit ist kein Sonderfall, sondern ein Merkmal des durchschnittlichen Menschen

5. Kapitel: Anonyme Mächte verleiten uns zur moralischen Selbst-Entmündigung. Wir müssen unsere Verführbarkeit und die verführenden Autoritäten zu kontrollieren lernen

10. Kapitel: Die Karriere vollendet oft die psychische Selbstaufgabe in Raten

Diese Ausführungen beinhalten auch positive Hinweise. Dies soll durch ein Zitat belegt werden (*wir* von der Werkstatt Neue Kultur würden in diesem Zusammenhang von Kommunikations-Gruppe bzw. von Kontexten Neuer Kultur sprechen):

„Die Initiativgruppen-Mitarbeit belehrte mich indessen, dass ich mich als >Arbeitsmensch< noch ganz anders fühlen und entfalten konnte, als ich es generell im Sektor Arbeit für möglich hielt. [...] Ich erkannte, dass ich in meiner hauptberuflichen Tätigkeit einer psychischen Selbstentfremdung unterlag, die mir in diesem Ausmaß nie klar geworden war. [...] Jetzt merkte ich aber plötzlich in der Initiativgruppe, dass ich in manchen höchst turbulenten und nahezu chaotischen Gruppensituationen kaum meine innere Gelassenheit verlor [...]. Verblüfft war ich auch darüber, dass ich stundenlange nächtliche Diskussionen und Verhandlungen über wichtige Entscheidungen ohne jede nennenswerte Ermüdung überstehen konnte. Im Gegenteil, manchmal fühlte ich mich nach drei-, vierstündiger Arbeit in kleinen Gruppen und im Plenum am folgenden Tag so frisch und erholt wie selten. Die Veränderung meiner sozialen Rolle, vor allem aber das belebende offene Klima der Spontangruppen-Arbeit legten in mir psychische Möglichkeiten frei, an die ich gar nicht mehr geglaubt hatte." (S. 212)

„Erst wenn die Mitglieder von Gruppen mutig genug sind, sich gegenseitig ihr gleichartiges Betroffensein von Vereinsamungsängsten zuzugestehen und wenn sie die Kraft aufbringen, diese Ängste miteinander zu tragen, werden sie sich davor bewahren können, miteinander einen nivellierenden symbiotischen Haufen zu bilden." (S. 25 f.)

[Unterstreichungen CR]

Es ist von zentraler Bedeutung, sich in der Kommunikation an die – in unserer Gesellschaft niemals unbegründeten - Ängste bei *allen* behutsam heranzutasten, bis ein grundlegendes Vertrauen zueinander hergestellt ist. Dann wird eine wirkliche Kommunikation und die Neue Kultur möglich.

3.3.1 Zu Gemeinschaftsbildung

> „Nur in und durch Gemeinschaft
> kann die Welt gerettet werden."
> **Scott Peck** (S. 16)

Zum Thema >Gemeinschaftsbildung< sind (wieder einmal ins-besondere von der Psychologie) inzwischen einige Erfahrungen entstanden, die auch als Literatur zur Verfügung stehen.

Eins dieser Bücher stammt von M. Scott Peck (1936 – 2005), einem US-amerikanischer Psychiater, Psychotherapeut und Schriftsteller und heißt >Gemeinschaftsbildung – Der Weg zu authentischer Gemeinschaft<.

Daraus aus dem Vorwort von Götz Brase als dem Herausgeber der deutschen Veröffentlichung:

> „Es [*das Buch*] beschreibt ausführlich die vier Phasen (**Pseu-dogemeinschaft, Chaos, Leere, Authentizität**), die eine Gruppe auf dem Weg zur Authentizität durchläuft. […]

Manchmal denke ich, die Gemeinschaftsbildung ist wie eine Ausnüchterungskur für das menschliche Verhalten. Stück für Stück befreit sich eine Gruppe von ihrem normalen Soziali-sationsverhalten, und alles fällt ab, was unecht ist. Ohne dass eine Gruppe dahingehend gelenkt werden muss, kommt sie an Gefühle heran, von denen sie sich im normalen Verhalten meist ablenkt. Es ist befreiend, sich nicht verstellen zu müs-sen, um irgendwelchen Konventionen zu genügen. Man kann sich auf das konzentrieren, was gerade da ist, auf das Hier und Jetzt, ohne in irgendeiner Weise durch ein >Du sollst< oder >Du musst< abgelenkt zu werden. Der Prozess wird be-stimmt durch die Bereitschaft der Teilnehmer, sich zu öffnen und sich dem zu stellen, was auftaucht; jeder entscheidet selbst, wie viel er sich zumuten möchte.

David Bohm [...] hat ungefähr zur gleichen Zeit, zu der Scott Peck die Gemeinschaftsbildung entdeckte, einen ähnlichen Rahmen entwickelt, den er >Dialog< nennt und in dem gleichnamigen Buch beschreibt.[47] Er sagt, dass wir Menschen wieder etwas lernen müssen, das wir bereits seit einer Million Jahre gemacht, aber in den letzten 5.000 Jahren verlernt haben: in einer authentischen Art und Weise in einer Gruppe zusammen zu sein. Die Menschen aus Stammeskulturen würden wahrscheinlich ihre Köpfe schütteln, wie wir heutzutage miteinander kommunizieren. Die ca. 5.000-jährige Phase der Ackerbaugesellschaft hat sich tief in unsere Köpfe und unser Verhalten eingeprägt, und es wird eine längere Zeit dauern, bis sich die durch die Industrialisierung aufgebrochenen Strukturen zu einer neuen Kultur entwickelt haben, die auch das tiefe und nährende Zusammensein in Gruppen einschließt. [...] David Bohm spricht von Soziotherapie, also keiner individuellen Therapie, in der man die Sozialisations- und Konditionierungsmuster bewusst macht und aufarbeiten kann. Wobei es letzten Endes um Nähe und Gemeinschaft geht [...]." (S. 10 f.)

Die Auffassungen, die historischen Probleme auf die neolithische Ackerbau-Kultur zurückzuführen, müssen inzwischen als überholt gelten. Es ist wohl zutreffend, dass es nicht in allen Kulturen zu solch einem (so starken) Verlust an Sprache und Verstehen von Sprache und Kommunikation kam wie in der diktatorisch begründeten und von einer Elite technokratisch organisierten zivilisatorischen Entwicklung. Doch sind, wie in diesem Buch dargestellt, die ersten Ursachen in den Folgen der gigantischen Naturkatastrophen am Ende der Eiszeit zu sehen, die zunächst und insbesondere im Nahen Osten wirksam wurden. Gesellschaftlich liegt von daher die eigentliche Problematik in vielem tiefer, so etwa auch in der ökonomischen Dimension. Doch trifft es zu, dass es mit einem hinreichenden Verstehen von wirklicher Kommunikation viele Probleme lösbar sowie echte Beziehungen und eine wirkliche Gemeinschaft möglich sind.

---

[47] David Bohm: Der Dialog (Klett-Cotta, Stuttgart 1999)

Aus dem Buch von Scott Peck soll noch ein entscheidender Hinweis zitiert werden:

„Group of all Leaders
Ich habe herausgefunden, dass mich eine Gruppe als Leiter nicht mehr braucht, sobald sie zu einer Gemeinschaft geworden ist. Ich kann mich zurücklehnen und entspannen und einer unter vielen sein, denn ein anderes Charakteristikum von wirklicher Gemeinschaft ist eine totale Dezentralisierung von Autorität. Denken wir daran, dass authentische Gemeinschaft antitotalitär ist. Ihre Beschlüsse werden im Konsens erreicht. Manchmal werden Gemeinschaften als führungslose Gruppe bezeichnet. Genauer ist es jedoch zu sagen, dass eine Gemeinschaft eine Gruppe ist, in der alle leiten." (S. 61)

Genau diese Steuerung seiner Verhältnisse durch gemeinschaftliche Kommunikation war auch das Produkt der humanevolutionären Entwicklung. Ohne sie gibt es auch keine dauerhaften, fähigen und insgesamt tatsächlich erfreulichen Sozialverhältnisse (allenfalls Konsumismus). Diese Praxis hat bei einigen Alten Kulturen noch bis in die jüngste Zeit existiert.

Das Buch ist zu beziehen bei:

eurotopia Buchversand, Sieben Linden, 38489 Beetzendorf, 2. überarbeitete Auflage 2011

www.eurotopiaversand.de, info@eurotopia.de

3.4 >Gelebte Utopie<
- Ein positives Beispiel

Sucht man historische Vorbilder, um sich etwas von dem Prozess der Entwicklung an Neuer Kultur konkreter vorstellen zu können, so denke ich hierbei insbesondere an ein Projekt, das in Deutschland nach dem 1. Weltkrieg entstanden war.

Dieses vermutlich *ehemalige* Projekt wurde auch keineswegs zufällig in einem Buch unter dem Titel >Gelebte Utopie – Aus dem Leben einer Gemeinschaft< dokumentiert (Hg. Else Bramesfeld u. a., Essen 1990). Es basiert seinerseits auf einer intern herausgegebenen Dokumentation von Dore Jacobs (1894 – 1979, s. zu ihr den Artikel in Wikipedia). Sie war zusammen mit ihrem (1968 verstorbenen) Mann Artur Jacobs (geb. 1880) das zentrale Paar, das dieses Projekt begründet und entwickelt hat. Die von Dore Jacobs 1925 begründete Schule (für >Körperbildung und rhythmische Erziehung<) wird heute in erweiterter Form als Dore-Jacobs-Berufskolleg (Essen) weitergeführt (s. Internet). Es weist immer noch einen besonderen Charakter auf.

Artur Jacobs war ursprünglich Lehrer und wurde nach dem 1. Weltkrieg hauptamtlicher Dozent an der Volkshochschule Essen. Über die dortigen Kurse und die von Dore Jacobs begründete Schule wie auch über Veranstaltungen in anderen Städten sammelten sie Kursteilnehmer um sich, die ihre Ausrichtung zu schätzen wussten. Daraus entstand eine Gemeinschaft, die 1924 einen formellen Charakter unter dem Titel >Bund – Gemeinschaft für sozialistisches Leben< annahm.

Diese Gemeinschaft erreichte mit ihrer Bildungs- und Kulturarbeit eine besondere menschliche Qualität, wie die Reaktionen belegen (s. u.). Diese Qualität erwies sich u. a. auch darin, dass sie in der Lage war, im 3. Reich jüdischen Mitmenschen im Verborgenen ihr Überleben zu ermöglichen.

Der besondere Charakter dieser Gemeinschaft zeigt sich in seiner stringenten menschlich-sozialen Ausrichtung. Gemeinsame Freizeiten und ein körperliches Erleben und Berühren über die Ebene von choreographischem Tanz brachten eine ganzheitlichere Komponente ein.

Dazu aus dieser Dokumentation:

> „Man spürt, dass man in einer Zeitwende lebt, die einen neuen Menschen fordert: einen Menschen, der nicht auf seinen eigenen kleinen Lebenskreis, mag er ihn noch so verantwortlich ausfüllen, beschränkt ist. Eine neue Haltung wird verlangt, eine Haltung der Weltoffenheit. Nur wer im Großen, in den allgemeinen Fragen der Zeit mitlebt, lebt heute wirklich.
> Und auch das ist nicht das Letzte. Noch hinter diesem Willen zur Weltoffenheit wirkt ein tieferes, gleichsam religiöses Motiv: das erwachende Bewusstsein, dass das Leben seinen Sinn verfehlt, wenn es nur um die persönliche Sphäre kreist, dass der Mensch, um wahrhaft zu leben, einen Mittelpunkt braucht, um den sich alles in seinem Leben, seinem Denken, Tun und Fühlen ordnet. Eine Ahnung ist erwacht, dass das Leben erst sinnvoll und schön wird, wenn alles dem >Einen, das not tut<, unter- und eingeordnet ist." (S. 44)

> „Wo Menschen wissen, was sie wollen, wo sie gemeinsam nach Wegen suchen und gemeinsame Irrtümer berichtigen, da werden unerwartete Leistungen möglich. Echte Gemeinschaft weckt schlummernde Kräfte." (S. 88)

Aus einem dokumentierten Brief:

> „Die Bundesschule – mein Eingangstor zum Bund – seltsame Anziehungskraft, schon bevor ich auch nur ahnen konnte, wer Ihr wart und was Ihr wolltet, - ein unwiderstehlicher Wunsch – trotz Angst, trotz Fremdheit -, mehr zu wissen, Euch näher zu kommen, bewegt vom ersten Augenblick an von dem Fluidum, das Menschen Eurer Gemeinschaft aus den Reihen meiner guten Bekannten und Freunde heraushob.

Was für eine Zeit der guten Unruhe, des Stutzig-Werdens, der Erwartung! Die allererste Ahnung, dass es ein anderes Leben geben könnte, als ich es gewohnt war, hat sich damals leise geregt, fast wie im Unbewussten. Und dann – zwei Freizeiten, leben in Eurer Mitte, wo sich zum ersten Mal etwas von dem Schleier hob, der bis dahin über allem lag, was mit dem Bund und seinen Menschen zusammenhing.

>Alt< (36 Jahre), wie ich bereits war: in Odenspiel hab' ich begonnen zu leben – durch Euch! Alles war mir neu: der Rhythmus der Tage, der Verbundenheit der Menschen, die mehr war als Sympathie-Gemeinschaft – die Gespräche, Ernst und Gründlichkeit in den Arbeiten – so sehr im Gegensatz zu den Diskussionen, die mir bekannt und geläufig waren! –

Das heitere Zusammensein – nie werd' ich das Tanzen bei Mondschein vergessen – mit überströmender Freude, dass man als einer von Euch mitmachen durfte.

Und vor allem: das Ausgerichtetsein! In jedem von Euch war's spürbar, und dass ich es mir nicht erklären konnte, tat dem glücklichen Staunen, dass es so etwas gab, keinen Abbruch.

Weißt Du, wie es ist, wenn einem eine tiefe Sehnsucht in Erfüllung geht? Man begreift's fast nicht! Das Herz wird einem weit, man möchte die Welt umarmen und könnte zur gleichen Zeit, ohne zu wissen warum, weinen. Und so ist's mir in Odenspiel ergangen.

Dass nicht alles >Milch und Honig< war, das brauche ich eigentlich nicht zu sagen. Das kann nicht ausbleiben, wenn man >geweckt wird< und anfängt zu begreifen, wie vieles nicht stimmt, im Sein, im Tun. Da gab es Angst und Abwehr. Aber im Tiefsten blieb ein lockendes Abenteuer, Ungewissheit und dennoch: kein Entkommen mehr." (S. 75)

Insgesamt ist dieses Buch mit seinen weiteren Ausführungen auf jeden Fall als Dokumentation eines historischen Beispiels einer qualitativen Sozialentwicklung sehr zu empfehlen!

Portrait der alten Dame (oben)
Zementguss (von CR)

Kunst und Kulturelles sind eine wichtige Komponente eines guten Soziallebens

4 Zur Aufnahme der Entwicklung der Neuen Kultur

„Mothoko motho ka batho babang. Dieses uralte afrikanische Sprichwort ist sinngemäß in den meisten afrikanischen Sprachen zu Hause und hat von seiner Gültigkeit bis auf den heutigen Tag nichts eingebüßt: Der Mensch wird Mensch nur durch die anderen, mit den anderen, für die anderen." [48]

Wir befinden uns in einem globalen Umbruch. Wie wir sehen, hat dieser Umbruch seine positiven Seiten, doch ist er auch mit vielfältigen Problemen und erheblichen Anforderungen verbunden. Auch positive Traditionen und Sozialkontexte sind verbreitet aus dem Gefüge geraten, dass wir im privaten Kontext genug damit zu tun haben, die vielfältigen Umbrüche zu verarbeiten und unsere Existenz auf die Reihe zu bekommen. Viele von uns sind mit Beziehungsproblemen, einem fehlenden sozialen Umfeld bis hin zu Einsamkeit konfrontiert.

Angesichts dessen bestehen derzeit entsprechend wenig Kapazitäten oder gar eine Abneigung für noch ein neues Thema wie die >Neue Kultur<. Dabei bietet gerade dieser Ansatz die Chance für Klärungen und soziale Rückhalte, dass man davon auch ganz persönlich profitieren kann.

Der Ansatz der >Neuen Kultur< begründet sich auf den Einsichten, dass die eigentlichen historisch entstandenen Probleme menschlich selbst begründet und an sich völlig unnötig sind. Die gewaltigen Naturkatastrophen am Ende der Eiszeit sind längst vorbei.

---

[48] Allan A. Boesak: Unschuld die schuldig macht, S. 179

Es mangelt schon lange nicht mehr an Angeboten von Nahrung, Produktion, Technologien und Dienstleistung. Bereits in den 1830er Jahren wurde z.B. von dem Franzosen Charles Fourier (schon vor Marx) erkannt, dass in Wirklichkeit längst das Gegenteil das *Problem* ist: das *Überangebot*, das aufgrund der ökonomisch-politischen Zusammenhänge regelmäßig in Kriege und einen gegenseitigen Selbstruin führte. Diese Problematik wird durch noch mehr Arbeit, Produktion und Monetarisierung nicht gelöst, sondern reproduziert, entwickelt und gesteigert.

Das also, woran es in Wirklichkeit **seit dem >Ende der Eiszeit< bis heute** mangelt, verknüpft sich mit der Entwicklung des Menschlichen in Persönlichkeit und Sozialleben.

Dies ist es, worin sich für uns der Ansatz der >Neuen Kultur< sowohl für eine Überlebens-Perspektive als auch für unser Verständnis von >Leben< und Lebens-Qualität begründet.

Ohne Zweifel sind mit diesen Einsichten die derzeit bestehenden hohen Anforderungen keineswegs aufgelöst. In dem einen oder anderen Punkt kann der neue Ansatz erstmal auch eine weitere Anforderung bedeuten. Wir von der Werkstatt Neue Kultur können hier bei dem Stand der Dinge hier nicht jedem/r die für sie/ihn notwendige Hilfestellung bieten.

Dennoch glauben wir, dass dieser Ansatz neue Perspektiven in den Raum stellt, die lohnen. Mit der Ausrichtung auf das Menschliche kann ein neuer Zugang zu Begegnungen und menschlich produktiven Sozialkontexten in Empathie und Zugewandtheit erschlossen werden.[*]

Auch das Kulturelle wie Kunst, Kreatives, Spiele, Musik, Tanzen, Partys und Reisen sind von Bedeutung. Wie in diesem Buch angerissen, war der kulturelle Bereich als Erschließung von Lebens-Impulsen und der persönlichen Empfindungen die Grund-

---

[*] Es ist dafür jedoch unabdingbar, diesen Ansatz vom Karitativen wie vom Therapeutischen zu unterscheiden, wofür es andere professionelle Dienstleistungskontexte braucht.

lage der humanevolutionären Entwicklung fähiger Beziehungs- und Sozial-Verhältnisse. Wenn wir hier zu Angeboten kommen, werden diese nicht auf Leistung ausgerichtet sein, sondern auf die jeweiligen Personen und/oder auf Soziales.

Doch natürlich sind auch politische Aktivitäten und Aktionen, soziales Engagement, Bildungs- und Netzwerk-Arbeit, Projekte an Neuer Kultur in Gemeinschaften, Öko-Dörfern, Orts- und Kirchen-Gemeinden usw. notwendig und von Relevanz. Doch ist für uns bei all dem die reale menschliche Person und die zwischenmenschliche Kommunikation als das Primäre zu sehen. S. dazu noch weiter unten.

Die >Werkstatt Neue Kultur< ist aus entsprechenden Einsichten, Experimenten und Debatten erwachsen. Zur Veranschaulichung unseres Hintergrunds soll hier zunächst ein kürzerer persönlicher biographischer Beitrag erfolgen.

Experimente mit Kontakt-Improvisation (aus dem Bereich Tanz)

4.1 Biographische Notizen zur Vorgeschichte der WNK von CR

Das Thema >Neue Kultur< beschäftigt mich im Grunde schon seit meiner Kindheit. Dabei spielten zum einen die familiären Erlebnisse der Kriegs- und Nachkriegs-Zeit eine Rolle, von denen ich als Jahrgang '57 noch viel mitbekam. Zum anderen bestand familiengeschichtlich auch schon länger ein Interesse an einer anderen Lebensform als hier gängig.

Von dort her empfand ich mit etwa 8 Jahren eine effektive Kluft zwischen dem, was mir von den gegebenen Verhältnissen entgegen kam, und dem, was ich als >Leben< empfand und an positiven Möglichkeiten sah, dass ich mich seit damals darauf ausrichtete. Neben dem Interesse an Werkeln, Kunst, Musik und Natur entstand hier das an Geschichte und an anderen, insbesondere Alten Kulturen wie z. B. >die Indianer<. Von diesem Hintergrund hatten dann auch die 68er ihre Auswirkungen auf mich, wenngleich ich von meiner Herkunft zunächst direkt davon nicht viel mitbekam.

Eine nähere Verbindung mit all dem entstand für mich erst ab 1970, und zwar über die damals aktuelle Rock-Musik mit ihrem *feeling* in Musik, Energie und Inhalten. Doch anders als bei den 68ern waren für mich die Rolling Stones schon längst Tradition, nichts Revolutionäres. Ab 18 spielte ich selbst in Rockbands, und damit begann auch mein soziales und politisches Engagement, zuerst bei Amnesty International, was auch großen Eindruck auf mich hinterließ. Eine weitere Politisierung ergab sich dadurch, dass ich wehrpflichtig wurde, und dann, als mein Antrag auf Kriegsdienstverweigerung abgelehnt wurde.

Von größter Bedeutung wurde jedoch, dass ich über Veranstaltungen zu einem christlichen Jugendverein kam. Dort begegnete ich meiner Vorstellung einer Neuen Kultur. Es ergab sich dort für mich ein recht >ganzheitlicher< Kontext aus Freundschaften mit Kulturellem und Unternehmungen, guten inhaltlichen Auseinandersetzungen mit dem Leben und unserer Art zu leben wie auch einem Engagement in verschiedener Hinsicht (darüber war ich auch zu Amnesty International gekommen). Von dort entstand auch die Idee, Pfarrer zu werden, um so etwas als Gemeinde-Arbeit aufzunehmen. Doch leider währte die gute Zeit für mich dort nur arg kurz. So richtig war ich erst in den letzten Wochen vor dem Schul-Ende in diesen Kontext gekommen. Schon mit diesem Ende löste sich durch den Weggang einiger Leute wegen Studium oder Wehr- oder Zivildienst das Eigentliche für mich auf. Ich musste im Laufe der Zeit feststellen, dass dies an einigen Leuten und dem Zusammenspiel gelegen hatte und nicht an dem >Christlichen< an sich. Doch hatte ich schon mit dem Theologie-Studium begonnen.

Von Bedeutung wurde für mich, dass in Verbindung mit dem für uns notwendigen Wechsel der Uni die Idee aufkam, am neuen Ort eine gemeinsame Wohngemeinschaft (WG) zu begründen. Ich war zuerst skeptisch und besorgte mir von daher Literatur bzgl. des WG-Lebens. Diese Lektüre machte mich auf das Potential des Zusammenlebens aufmerksam, und ich entschied mich für dieses Experiment. So starteten wir zu acht im März 1980 in Göttingen unsere WG.

Die Erfahrungen in und mit der WG waren auf Anhieb überaus eindrücklich. Über die verschiedenen Kontakte der verschiedenen WGler ergaben sich sehr schnell die unterschiedlichsten Kontakte. Aufgrund einer Anfrage hin entschieden wir uns gleich am Anfang, uns im April 1980 als WG an einer Aktion >Fasten für den Frieden< in einer Kirche in der Göttinger Innenstadt zu beteiligen.

Interessant war auch die Erfahrung im Kontext einer Anfrage nach einer Spende. Erscheint ein Beitrag von ein paar Euros (damals DM) leicht als unerheblich, kam als 8er WG mit weiteren

Leuten aus unserem Kontext eine eindrückliche Summe zu-
stande. Wichtig für mich war auch die Erfahrung mit einer Bro-
schüre, die ich damals verlegte. Über ein paar Gruppen hatte ich
schon eine gute Anzahl an Bestellungen, und über die entstandenen Netzwerk-Verbindungen unserer WG verkaufte sich eine
600er Auflage binnen Kürze ganz von selbst, und es ergaben
sich hierbei auch noch einige interessante Gespräche.

Von der WG her kam entsprechend der damaligen Zeit natürlich
auch die Auseinandersetzung mit Emanzipation und den Ge-
schlechtsrollen auf. In Bezug auf das Thema Patriarchat liefen
die Frauen bei mir offene Türen ein. Was Patriarchat war, war
mir von zu Hause und familiengeschichtlich, von der Schule und
dem Komplex Wehrpflicht – Faschismus – 2. Weltkrieg ja selbst
nur zu deutlich.

Sehr beeindruckend fand ich die beiden damals verbreiteten Bücher >Die Scham ist vorbei< von Anja Meulenbelt und >Häu-
tungen< von Verena Stefan. Daraus:

> „jetzt ist eine neue art von sehnsucht entstanden, von erre-
> gung und von *hingabe* […]. Es gab da aber das gefühl, erst-
> malig die fäden in der hand zu haben, nicht in vorgeformtes
> hineingezogen, nicht von undurchschaubaren handlungsab-
> läufen und reaktionen gegängelt zu werden, sondern bei vol-
> lem bewusstsein selber die fäden zu spinnen." [49]

Dies entsprach meinen Empfindungen. Vor allem von diesen
Auseinandersetzungen her kam bei mir das Thema auf, das Leben tatsächlich in die eigene Hand zu nehmen und sich selbst
und sich gegenseitig als Menschen und in unseren Gefühlen und
Bedürfnissen ernst zu nehmen (was für mein Empfinden gemeinhin nie wirklich der Fall war). Es wurde mir auch deutlich,
dass nur mit einem emanzipatorischen Bemühen und mit Konfliktfähigkeit eine wirklich gute Beziehung [und ein gutes Sozi-
alleben] zu erreichen ist. Insofern empfand ich die feministische
Konflikt-Aufnahme und die erklärte Bereitschaft, die aus dem

---

[49] Verena Stefan: Häutungen, S. 88; 94

Ausbruch aus dem Konventionellen entstehenden Schwierigkeiten bewusst und entschieden aufzunehmen, als ein großes Versprechen.

Eine entscheidende Erweiterung war, die Position kennenzulernen, die >gewaltfreien Aktionen< gleichzeitig als einen Akt der persönlichen Emanzipation und der gesellschaftlichen Transformation zu begreifen. Eine besondere Rolle hierbei spielten die damaligen Aktivitäten in Gorleben als einem geplanten Endlager für atomaren Giftmüll. Von Göttingen aus bestanden viele Verbindungen dorthin. Auch ich dachte daran, nach dem Semester mal dorthin zu fahren. Dafür kam die Räumung am 10.6.80 zu früh. Wir waren ja gerade erst in Göttingen angekommen und hatten noch so viel Neues zu verdauen. Doch sahen wir die Geschehnisse im Fernsehen. Die ungeheure Disziplin der Massen an Platzbesetzer machte im Kontrast zu der militärähnlich durchgeführten Räumung nicht nur auf uns riesigen Eindruck.

REMEMBER WENDLAND !

Aus meinem Buch „Vielleicht ist der Friede nicht billiger zu haben" 1982

In der weiteren Zeit waren für mich viele Kontakte sowohl in Göttingen als auch in überregionalen Kontexten (z.B. zu Frieden) entstanden, etwa als (ehrenamtlicher) Mitarbeiter bei dem damaligen alternativen Monatsmagazin >Göttinger Stadtzeitung<. Darüber ergab sich auch der Kontakt zu dem damals alternativen Göttinger Verlag >Die Werkstatt<, bei dem ich 1982 das Buch >Vielleicht ist der Friede nicht billiger zu haben< und 1984 das Buch >Friedenstäter< (Kriegsdienstverweigerer berichten über Verfolgung und Haft) herausbringen konnte.

Alles in allem: ich wünschte mir mein damaliges gemeinschaftliches Leben als dauerhafte Lebensform, und ich sah für mich genügend praktische Möglichkeiten für ein freies selbständiges Leben. Mein Geld wollte ich in Verbindung mit meinen politischen und kulturellen Aktivitäten (Kunst, Musik) vor allem als Journalist, Autor und mit Bildungsarbeit und ansonsten mit Jobs verdienen. Dafür hatte ich im alternativen Bereich Vorbilder gesehen, insbesondere bei einem Autor in einer Land-WG. Solche Vorstellungen waren damals im Bereich der Alternativ-Bewegung verbreitet, es gab interessante Ansätze und hierbei sehr viel >Zukunftsmusik<. So entschied ich mich im Sommer 1981 zu einem solchen freien Lebens-Weg, den ich auch seitdem in dieser Form bis heute verfolgt habe.

Es zeigte sich jedoch im Grunde von Anfang an, dass es gar nicht so einfach war, dies in der gewünschten Form umzusetzen. Mit meiner bestehenden WG war keine dauerhaft gedachte Lebensform möglich. Sie sollte sich im Sommer 1982 auflösen, und die Leute gingen bald aus beruflichen Gründen von Göttingen weg.

So ging zunächst noch alles im Studi-Leben weiter. Da ich wieder mit der Wehrpflicht zu tun bekam, entschied ich mich, sie nun im Gang in die Kaserne als eine emanzipative Widerstandsaktion aufzunehmen. Ich sah hier für mich eine gute Möglichkeit, meine Fähigkeit in dem Schritt vom Protest zum Widerstand mit Untertauchen, Kriminalisierung und Haft zu testen und damit einige Öffentlichkeit zu erreichen. Dazu im Frühjahr 1982

86

im Vorwort meines Buchs „Vielleicht ist der Friede nicht billiger zu haben" (S. 9):

> „Wir Utopisten suchen dringend neue Wege. Wir wissen, dass das jetzige System Millionen Menschen in der Dritten und Vierten Welt das Leben kostet, dass in zahllosen Ländern Menschen gefoltert werden und dass das Machtsystem Kriegsgefahr beinhaltet. Welcher Konflikt wird die Abschreckungsstrategie aktiv werden lassen?
> Ich will mich nicht einer Weltuntergangs-Stimmung hingeben. Wie der Körper auf körpergefährdende Stoffe mit Widerstand reagiert, so bedeutet auch politischer Widerstand: Ich will leben!"

Insgesamt erreichte ich erheblich mehr an Öffentlichkeit als erwartet. Zu den verschiedenen Aktionen und den insgesamt vier Prozessen (wegen Fahnenflucht und wegen Gehorsamsverweigerung in jeweils zwei Instanzen) erschienen im norddeutschen Raum in den Tageszeitungen und im Radio Nachrichten. Die Erfahrung, mit solch einer Aktion Öffentlichkeit zu erreichen, war erfreulich. Doch letztlich waren die persönlichen Erfahrungen mit dieser Aktion sowie die verschiedensten Reaktionen von Personen für mich von größerer Bedeutung.

Im Folgenden ein Beispiel einer mich berührenden Zuschrift einer der Schrift nach jungen Frau. Für solche Impulse hat sich für mich diese Aktion gelohnt. Leider enthielt der Brief keine vollständige Adresse, dass ich keinen Kontakt aufnehmen konnte.

„Lieber Christoph,
ich hoffe, Du bist mir nicht böse über die Anrede, denn ich kenne Dich ja gar nicht. Ich hab gerade in der >Kieler Rundschau< von Dir gelesen und mich gefreut, - gefreut, weil ich es unheimlich wichtig finde, gegen den Militärapparat allgemein und die Wehrpflicht speziell einzutreten.

GROSSFAHNDUNG

Christoph Rosenthal

GESUCHT WEGEN: FAHNENFLUCHT
GEHORSAMSVERWEIGERUNG
INTERNATIONALER VERSCHWÖRUNG
PAZIFISTISCHER GESINNUNG
VERLEUMDUNG DER BUNDESWEHR
u.a.

Vorsicht: ohne Schußwaffe!

Verhaltensmaßnahmen: Ruhe bewahren. Täter völlig ignorieren.
(wie die Norddeutsche Rundschau und die Kirche)

Hinweise an: Hanseaten-Kaserne Itzehoe
oder an die Polizei — unser Freund und Helfer

SICHERHEIT DURCH ABSCHRECKUNG:

Pazifisten hinter Gitter!

(ca. 5000 Kriegsdienstverweigerer haben wir schon
in den letzten zehn Jahren hinter Gitter gebracht!
Vgl. DIE ZEIT, 27.3.81)

V.i.S.d.P.: Chr. Rosenthal, Angerstr. 1, 3400 Göttingen

*Ein selbst produziertes Plakat für meine 10wöchtigen Untergrund-Aktionen
ab Oktober 1983 vor meiner 10wöchtigen Haft bei der Bundeswehr*

Weißt Du, ich finde es so wichtig, sich selbst, ganz persönlich einzusetzen gegen die Machtverhältnisse in unserer Gesellschaft, Machtverhältnisse, die ich nicht mitbegründet habe und die ich ablehne, die ich aber trotzdem durch meine bloße Existenz mittrage.

Oftmals überlege ich mir, was kann ich allein denn schon machen gegen eine oft bedrückende Mehrheit von Menschen, die andere Zielstrebungen, Meinungen haben. Ich hab dann Angst, klar Stellung zu beziehen, gehe über meine Bedenken und inneren Zweifel hinweg - und in mir bleibt ein schales Gefühl zurück.

Wahrscheinlich wirst Du, als einziger, nicht viel ausrichten können, aber ich hoffe, dass durch Dich und andere, die Mut haben, für ihre persönlichen Gedanken einzustehen, sich etwas überträgt auf uns, die wir in ganz vielen auch alltäglichen Situationen still sind und nachgeben.

Denn ich glaube, wir alle können nur dann wirklich überleben, wenn wir Zutrauen zu uns selbst und unseren Möglichkeiten und Kräften bekommen. Die >Angst im Kapitalismus< ist, glaube ich, die größte Gefahr für uns Menschen, denn sie hindert uns daran, dass jeder für sich selbst erkennt, dass seine Gefühle, Zweifel und Gedanken wichtig sind; so wichtig, dass es sich lohnt, sie auszudrücken und in Handlungen umzusetzen, im Interesse all derer, die menschlich miteinander umgehen wollen. […]

Ich wünsche Dir für diese Zeit im Knast ganz viel Kraft. Es stehen viele hinter Dir, die durch Dich Hoffnung und Mut bekommen - und vielleicht auch selbstbewusster werden und handeln.

Ganz viele Grüße und gute Gedanken an Dich

Petra*"*

Entgegen der öffentlichen Erklärung des Verteidigungsministeriums im Dezember 1983, keine >Totalverweigerer< unter einer Verurteilung zu 12 Monate Haft ohne Bewährung aus dem Dienstverhältnis zu entlassen, erfolgte meine Entlassung mit der antimilitaristischen Ehrenurkunde >wegen Gefährdung der Sicherheit und Ordnung< bereits im Februar 1984. Insofern kam ich nicht nur selbst >auf Bewährung< ohne weitere Haft frei. Ich konnte damit auch zumindest einem weiteren Fall nachweislich eine Haftstrafe wie auch weiteren Fällen mit dieser Öffentlichkeit, den organisatorischen Verbindungen und inzwischen genaueren Rechtskenntnissen Haft und Wochen an Arrest ersparen.

Mit ein paar Göttingern rief ich im Herbst 1984 eine >Initiative gegen die Wehrpflicht< ins Leben. Dies war bis zum >Mauerfall< aufgrund meiner Kenntnisse und Verbindungen der namhafteste Bereich meiner sozialen und politischen Betätigungen.

Es war auch dieser Kontext, von dem her **Andreas Poggel** 1991, der nun mit 18 wehrpflichtig geworden war, unter der Fragestellung einer >Totalverweigerung< Kontakt zu mir aufnahm. In dieser Folge kamen wir in Verbindung, die sich sehr verstärkte, als er im Herbst 1992 für das Studium aus dem Sauerland nach Wuppertal kam.

Es war nie meine Idee gewesen, bloß >politische Arbeit< zu machen. Ich hatte „seit je her" die Vorstellung in der Art der >Werkstatt Neue Kultur<. Schon in meinem >Freiwilligen Sozialen Jahr<, das ich nach der Schule im Bereich der Kinder- und Jugend-Arbeit machte, kam ich mit Schulungen auch in Sachen Psychologie in Kontakt. Weiteres lernte ich in der Studien-Zeit bei der Betreuungsarbeit von Inhaftierten sowie mit >psychisch Kranken< in einem Übergangsheim und ab 1984 in drei Semestern Selbsterfahrungsgruppe, einem Kurs mit Psychodrama und einem – erfolglosen - Versuch mit Bioenergetik. Die psychologische Literatur war jedoch für mich von Bedeutung.

Nach meinem Umzug an den Rand des Ruhrgebiets 1987 beteiligte ich mich in Witten vor allem bei der dortigen 3. Welt-Arbeit (mit Laden und Info-Stelle), die ich zu einem >interkulturellen Dialog< umzubauen versuchte.

1990 nahm ich zudem wieder Kurse im kulturellen Bereich auf, zuerst über einen Bekannten Kurse in Modern Dance. Ich erlebte hierbei ein Potential an Körperarbeit wie in Hinsicht auf ein Erlernen von Interaktion. Dies bestärkte mein Interesse, Kurse im

90

Bereich Theater aufzunehmen, was 1993 bis 1996 zu meinem Schwerpunkt wurde. Ich erlebte hier ein Potential für emanzipative Entwicklungen, das über die mir bekannt gewordenen Ansätze des >Theaters der Unterdrückten< und des hier gängigen >Gewaltfreien Trainings< deutlich hinausgingen. Einige meiner *Vorstellungen* fand ich bei dem >Living Theatre< wieder. [50] Weitere Stichwörter wären u. a. Butoh, Kontaktimprovisation, experimentelles Theater wie etwa die früheren Aufführungen von >La Fura dels Baus<. Insgesamt stellte sich mir in der Theaterarbeit ein entscheidendes Potential für eine Auseinandersetzung und Schulung bzgl. Interaktion wie auch als Quelle von >Witz< im Sozialleben dar.

Von dort aus startete ich 1993 ich einen ersten Versuch einer >Werkstatt Neue Kultur<, zunächst vor allem unter der Bezeichnung >Initiative Neue Kultur<. Dies fand wohl immer einzelnes Interesse, aber leider nie genug, um damit handfest weiterzukommen.

Überhaupt war es damals eine Phase, wo sich die Niedergänge der 68er oder der Anfang der 80er entstandenen Bewegungs-Kontexte endgültig zuspitzten. Viele Kontakte verloren sich, viele Projekte lösten sich auf, u.a. kleine Buchläden oder die kleine Schreinerei, in der ich ab und an arbeitete, was auch meine wirtschaftliche Basis berührte. Doch meine damaligen Bemühungen, zu den notwendigen Neuansätzen zu kommen, fruchteten nicht.

Weiterführend war jedoch die Verbindung zu Andreas Poggel und seinem damaligen Mitbewohner. Neben unseren Auseinandersetzungen ließen sie sich zur Teilnahme an Theaterkursen begeistern, und wir starten dann auch selbständig mit einigen theaterartigen Experimenten. Die Fotos davon stießen in ihrem Umfeld auf Resonanz. Um das für eine Weiterentwicklung aufzustellen, eröffneten wir 1994 ein Postfach (Internet stand noch nicht zur Verfügung). Doch bevor es richtig damit losging, löste

---

[50] S. dazu die recht instruktive DVD: Dirk Szuszies: Resist! (2006)

sich dieser Kontext wieder auf. Ihr Studium war zu Ende, es bildeten sich familiäre Zusammenhänge, die in Beschlag nahmen.

Ich nutzte diese Situation zunächst für Aktivitäten im Bereich der Bildenden Kunst. Das ermöglichte mir hierbei einige Weiterentwicklungen, die für mich auch interessant waren. Doch eine handfeste finanzielle Basis war hiermit nicht in Sicht, und mir wurde klar, dass hier auch nicht meine Priorität lag.

So kehrte ich zu der Ausrichtung auf den Ansatz zur Neuen Kultur zurück. Ich nahm wieder meine Skript- und Forschungsarbeiten auf und hielt ein paar Vorträge und Seminare. Dabei kam ich jedoch zu der Einsicht, dass diese Veranstaltungen angesichts der vielen Neueinsichten keinen richtigen Sinn ergaben, da sich so nicht sinnvoll diskutieren ließ. Es waren erst einmal Materialien und Literatur dazu ausarbeiten, um die entscheidenden Umbrüche in unserem Welt- und Geschichtsbild aufzuzeigen und den Ansatz der >Neuen Kultur< zu vermitteln. Hier sind inzwischen einige Bücher herausgekommen.

Mit Familie und Beruf gingen die Wege zwischen Andreas und mir eine ganze Zeit auseinander. Damit verbanden sich auch unterschiedliche Orientierungen. Nachdem Andreas mit Schulungen zur >Gewaltfreien Kommunikation< begonnen hatten, fanden wir wieder eine gemeinsame Schnittmenge, die sich Schritt für Schritt verstärkte.

Andreas hatte von sich aus 2014 ein kleines >Platsch< genanntes Stadtteilprojekt mit Angeboten zu Zen und zur >Gewaltfreien Kommunikation< gegründet. Von hier aus hatte ich die Idee, sein Projekt um Veranstaltungen und sonstige Aktivitäten von mir zu erweitern. So verständigten wir uns 2017 auf ein gemeinsames Projekt unter dem Namen >Werkstatt Neue Kultur< (WNK). Zu dem Weiteren s. u.

Musik und Tanz spielten seit der humanevolutionären Entwicklung von Kultur eine entscheidende Rolle für das menschliche Sozialleben

> „Am Lagerfeuer erzählte Märchen, komplexe Sandgemälde und Tänze, welche die Mythen der Gruppen darstellen, hinterlassen keine Spuren. Doch sind gerade sie das Wesentliche des Menschseins von Wildbeutergesellschaften.“ [51]

An sich ist der kulturelle Bereich für uns von Bedeutung. Es bleibt jedoch noch zu sehen, was uns als WNK an Angeboten möglich werden wird.

---

[51] Roger Lewin: Spuren der Menschwerdung, S. 144

4.2 Für eine neue Kommunikations-Kultur!

„Mittlerweile bin ich davon überzeugt, dass es um Sprache und Kommunikation geht. Die Antwort auf die Frage nach der Ursache von Gewalt liegt in der Art und Weise, wie wir gelernt haben zu denken, zu kommunizieren und mit Macht umzugehen."

M. B. Rosenberg [52]

4.2.1 Zu den bestehenden kommunikativen Problemen

Die humanevolutionäre Entwicklung verknüpft sich mit der Evolution von Sprache (zwecks) Selbststeuerung und Kommunikation. Die Steuerung seiner Sozial- und Beziehungsverhältnisse durch gemeinschaftliche und personale Kommunikation war - und *ist* – bei uns Menschen die – und zwar von unserer Biologie her **einzige** – Alternative zu Sozialverhältnissen auf der Basis von Macht und Gewalt in Konkurrenzverhältnissen, mit denen sich schon die vorausgehenden Hominiden gerade mit ihrer evolutionär neuartigen technischen Intelligenz und Technologie im gegenseitigen Selbstruin bis ins Aussterben hineinmanövrierten.

Die Humanevolution belegt, dass, wo es zu einer hinreichenden Kommunikation kam, nicht nur die Lösung der sozialen Probleme gelang, sondern auch darüber hinaus ein wünschenswertes Sozial- und Beziehungs-Leben in sozialer und persönlicher Erfüllung entstand. Alles andere verblieb jedoch in sozialen und menschlichen Problemen.

---

[52] M. B. Rosenberg & Gabriele Seils: Konflikte lösen durch GFK, S. 11

Es ist nun von Bedeutung zu verstehen, dass der bloße Gebrauch von Vokabular und Grammatik noch lange nicht das ergeben, was bei uns Homo sapiens erst unter >Sprache< und unter >Kommunikation< zu verstehen ist.

Die Ebene der Sprache mit lediglich Vokabular und Grammatik gehört zu dem funktionellen Bereich der technischen Intelligenz der Hominiden zwecks (modern gesprochen) Dienstleistungen und Produktion. Dies hat auch seinen Wert. Doch für eine Selbststeuerung seines Verhaltens und für eine Kommunikation von Mensch zu Mensch reicht dies von den neurologischen Zusammenhängen nicht hin. Von hierher kam es im Kontext der humanevolutionären Entwicklung zu einer Weiterentwicklung der Sprache in größeren kulturellen Mustern: in Bildern und Geschichten (wie heute noch in den juristischen Fall-Geschichten) und darüber zu höchst komplexen kulturellen Begriffen wie >Gerechtigkeit< zur Steuerung seiner Kultur.

Ganz entsprechend formuliert Moeller als eine seiner >Fünf goldenen Erkenntnisse<:

„Ich möchte in unserer Beziehung lernen, mich in konkreten Erlebnissen und nicht in Begriffen zu erläutern, weil Bilder und Geschichten erst wirklich tief gehend und umfassend wiedergeben können, wer ich bin – und wer Du bist." [53]

Sprache wird erst zu einem Instrument von eigentlicher Kommunikation und Selbstversteuerung, wenn eine zureichende Verbindung von Sprache und der Verhaltens-Anlage aufgebaut wird. Man muss sich selbst und den/die Andere/n zuerst als >Personen< verstehen und wahrnehmen lernen, um auf der Erwachsenen-Ebene seine Verbindung von Mensch zu Mensch kommunizieren zu können. Vokabular, Grammatik und Gefühle reichen wohl zur Abstimmung von Dienstleistungen, doch wird damit die höheren Ebene des Menschen weder zum Ausdruck gebracht noch bei dem/der Anderen angesprochen.

---

[53] Michael Lukas Moeller: Die Liebe ist das Kind der Freiheit, S. 16

„Der heutige Mensch misst seiner Fähigkeit zu abstraktem Denken zu viel Bedeutung bei. Zwar verdanken wir dieser Fähigkeit einige nützliche Arbeitsmethoden, doch sind wir für ein wirkliches Verständnis abstrakter Gedanken [*und Äußerungen*] auf einen reichhaltigen Vorrat von Bildern aus dem realen Leben angewiesen. Könnten wir nicht auf diese Erfahrungen zurückgreifen, blieben die abstrakten Gedanken trockene, leblose Wortaneinanderreihungen, die in uns keine lebendigen Vorstellungen wecken." [54]

„Geschichten treiben uns um, nicht Fakten. Geschichten enthalten Fakten, aber diese Fakten verhalten sich zu den Geschichten wie das Skelett zum ganzen Menschen." [55]

„Erfahrung und Handeln sind nicht möglich, wenn sie nicht ikonisch organisiert sind. Die >Speicherung im Gehirn< von allem, was lebendig ist, muss ikonisch erfolgen. Es ist dies die endgültige Form der Speicherung [...]." [56]

Da die eigentliche Kommunikation bei uns Homo sapiens immer etwas mit der Ebene der Persönlichkeit zu tun hat, versteht sich auch, dass das, was bei uns Homo sapiens Kommunikation und Sprache sind, im Eigentlichen auch erst mit dem Beginn der Geschlechtsreife gelernt werden kann. Entsprechend kam es im humanevolutionären Prozess zu einer (ethnologisch als „Jugend-Initiation" bekannten) eigenen Phase an Ausbildung zwecks Beherrschens von Sprache, Kommunikation, Verhaltenssteuerung und Kultur. Diese Phase wurde evolutionär so bedeutsam, dass daraus ein eigenes Moratorium zwischen Geschlechtsreife und der nun erst eigentlichen Erwachsenheit entstand, wie es uns in den beiden Stufen als Pubertät und Jugend bekannt ist.

---

[54] John McCrone: Als der Affe sprechen lernte, S. 152
[55] Der Neurowissenschaftler: Manfred Spitzer: Lernen, S. 35
[56] Oliver Sacks: Der Mann, der seine Frau, S. 199

Leider kam es, wie schon erwähnt, in den Anforderungen der gewaltigen Naturkatastrophen am Ende der Eiszeit zu einem Verfall dieser Ausbildung: zu einer regelrechten >babylonischen Sprachverwirrung< und zu einem Mangel an Befähigung zu Kommunikation. Von daher entstanden die Probleme autoritärer Verhältnisse mit Macht, Gewalt und anderen Formen kultureller Verwahrlosung. Doch ist bei uns Homo sapiens gerade auch ein autoritäres System nicht dazu geeignet, einen kulturellen Zusammenbruch und Ruin zu verhindern. Entsprechende Vorstellungen sind Regression.

Es gilt von daher wieder in den Blick zu bekommen, dass angesichts der zentralen Bedeutung, die Sprache, Kommunikation und Kultur in unserer kulturalen Anlage als Homo sapiens hat, der Erwerb des Beherrschens von Sprache, Kommunikation und Verhaltenssteuerung keine Nebensächlichkeit sein kann. Vielmehr handelt es sich hierbei um die zentral entscheidenden Bereiche der Ausbildung von Persönlichkeit und produktiver Sozialverhältnisse bei uns Homo sapiens. Darauf zu verzichten ist weit fahrlässiger als ein Verzicht von Fahrschule für ein Autofahren oder als Alkohol am Steuer. Das belegt sich an den regelmäßigen Zusammenbrüchen der vermeintlichen „Hochkulturen" bis hin zum Faschismus und dem 2. Weltkrieg in der jüngeren Zeit usw.

Es ist eine große Tragik, dass man immer noch meint, dass der Gebrauch von >Vokabular und Grammatik<, der in technischer Hinsicht funktioniert, deswegen auch schon in menschlich-sozialer Hinsicht Kommunikation und Sprache wäre, wo doch eigentlich das permanente Scheitern deutlich ist. So ergibt sich:

„90 Prozent der Zeit reden Menschen aneinander vorbei." [57]

„Dass einem jemand wirklich zuhört, ist so ungewöhnlich, dass es wie eine seelische Umarmung wirkt." (ebd. S. 180)

---

[57] Aljoscha Long & Ronald Schweppe: Praxisbuch NLP, S. 178

Die bloßen Liebes-Gefühle reichen für eine Beziehung auf die Dauer nicht hin:

„Die Sprachlosigkeit der Paare, ihre Kommunikationskluft, gilt unter Psychotherapeuten als die größte Bedrohung, ja als Ursache des weltweiten Beziehungssterbens." [58]

Das Problem der mangelnden Befähigung zu Kommunikation zeigt sich in der historischen Entwicklung insgesamt und ist auch die ursächliche Basis der gesellschaftlichen und ökologischen Probleme. Wenn die umfassendere Dimension von >Sprache< über Vokabular und Grammatik hinaus nicht begriffen wird; wenn die Übung von Kommunikation und Verhaltenssteuerung (via Theatertechniken) nicht zu einem Kernbereich in der Schule wird, dann ist der kulturelle Zusammenbruch unserer Gesellschaft auf die Dauer unvermeidlich.

Die gleiche Problematik zeigt sich in der Moderne auch in den ganzen Formen der sozialen Selbstorganisation von den Liebesbeziehungen über Wohngemeinschaften, Vereine bis hin zu den politischen Ansätzen. Das habe ich (CR) auch persönlich wieder und wieder erlebt. Wo bedeutsame(re) Qualitäten in Beziehungen, Projekten und Bewegungen entstanden, hatte dies immer mit Leuten und Kontexten zu tun, die in einem guten Maß über die Fähigkeit zu Kommunikation verfügten.

Der Erwerb einer gewissen Kompetenz in Bezug auf das, was von der humanevolutionären Entwicklung bei uns Homo sapiens Sprache und Kommunikation ist, ist eine gewisse Grundvoraussetzung, wenn wir über die bestehenden historischen Probleme hinauskommen und produktive Beziehungs- und Sozialverhältnisse wollen. Hierfür hat der Psychologe M.B. Rosenberg mit der >Gewaltfreien Kommunikation< eine einfache patente Lern-Konzeption geschaffen.

---

[58] Michael Lukas Moeller: Die Wahrheit beginnt zu zweit, S. 15

Zu der WNK-Broschüre

Sprache beherrschen

„Wittgenstein sagt, dass Probleme entstehen, weil wir die Arbeitsweise unserer Sprache missverstehen. Er sagt, wir seien von der Sprache >verhext<, und manchmal hätten wir einen >Drang<, sie misszuverstehen." (A.C. Grayling)

Das Beherrschen von Sprache lässt sich bei weitem nicht schon in dem Gebrauch von Vokabular und Grammatik verstehen. Dies ist nur die Form, in der wir Sprache *handhaben.* Von dem her, welche Funktionen Sprache im Verlauf der Evolution in unserer neurologischen Anlage erhielt, sind damit noch gänzlich andere Dimensionen zu verbinden.

Da wir Sprache von klein auf an verinnerlichen (>installieren<), ist ein solches Verstehen in Hinsicht auf die Arbeitsprozesse von Sprache in unserem Bewusstsein, Denken und Verhalten von handfester Relevanz. Dies ist in unserer Kultur mit gravierenden Konsequenzen aus dem Bewusstsein geraten – und soll nun wieder in den Blick gefasst werden.

Die WNK-Broschüre >**Sprache beherrschen**< bietet einen kurzgefassten Überblick über die humanevolutionäre entstandenen Zusammenhänge von Sprache, Neurologie, Sozialisation, Kultur und Persönlichkeits-Bildung (76 Seiten).

Die ausführlichere Fassung ist unter dem Titel >**Was eigentlich Sprache ist**< von C.W. Rosenthal erschienen (244 S.)

4.2.2 Personale Begegnung und Kommunikation

„[…] getreu dem Motto, dass jeder Mensch liebenswert ist, wenn er nur wirklich zu Wort kommt […]" [59]

„Eine Angst, die unausgesprochen bleibt, trennt und behindert. Wenn sie jedoch ausgesprochen wird, beginnt sie sich nicht nur zu verwandeln, sie bindet auch aneinander." [60]

„Unsere Zuneigung wächst, je mehr wir voneinander erfahren. Das ist ein klassisches Ergebnis der Sozialpsychologie und der menschlichen Verhaltensforschung." [61]

„Kooperation und Mitmenschlichkeit leben davon, dass wir uns gegenseitig auf dem Laufenden halten, was in uns vorgeht. Selbstausdruck und Anteilnahme gehören zu den vitalen Lebensbedürfnissen des Menschen. […]
Kommunikation dient aber nicht nur dem Ausdruck dessen, was ist, sondern auch der Hervorbringung dessen, was sein soll." [62]

Neue Kultur meint, über das Funktionieren und unsere seit dem Ende der Eiszeit tradierte Notstandskultur hinauszukommen und wieder ein Gespür für Lebendigkeit und das Menschsein in sich selbst (= seinem Selbst) und bei den Anderen entwickeln zu lernen. Denn in dem mangelnden Gespür hierfür liegt der Kern der historischen Problematik.

Umgekehrt liegt hier der Anfang der Entwicklung der Neuen Kultur. Die Hoffnung bleibt, dass wir entsprechend der Hu-

---

[59] Friedemann Schulz von Thun: Miteinander reden, Band 3, S. 175
[60] Michael Lukas Moeller: Die Wahrheit beginnt zu zweit, S. 249
[61] Michael Lukas Moeller: Die Wahrheit beginnt zu zweit, S. 33
[62] Friedemann Schulz von Thun: Miteinander reden, Band 1, S. 243

manevolution den Dreh zur (Neuen) Kultur hinbekommen, bevor aus dem bestehenden Manko wieder die ganz großen Chaos-und Gewalt-Probleme entstehen.

Die Einsichten der Kommunikationspsychologie bedeuten hier ein seriöses und qualifiziertes Versprechen der realen Möglichkeit der Überwindung der menschlichen Entfremdung und positiv der Entwicklung der Befähigung zu menschlicher Nähe, Verbundenheit, Gemeinschaftlichkeit und Solidarität, zumindest zunächst in kleineren selbst organisierten Sozialkontexten.

Es wäre sehr erfreulich, wenn die Möglichkeiten zur Selbstorganisation von entsprechenden >Begegnungs-Gruppen< (*Encounter*) stärker aufgenommen werden würden. Hierbei muss *Encounter* >Begegnung< nicht mit den Psycho-Barbareien assoziiert werden, wie sie in den 1970ern (auch in Deutschland) unter diesem Stichwort bekannt wurden. Bei dem, was wir als >Werkstatt Neue Kultur< anbieten bzw. als Idee verbreiten möchten (s. u.), baut die wirkliche und selbst bestimmte >Begegnung< auf der Konzeption der >Gewaltfreier Kommunikation< nach M. B. Rosenberg auf. In der Regel dürfte es sich hierfür empfehlen, zunächst diese Methodik im Grundlegenden zu begreifen und beherrschen zu lernen. Denn für eine wirkliche >Begegnung< braucht es ein Verstehen von Kommunikation. Die damaligen Psycho-Barbareien waren von daher kein Zufall. Doch wird gemeinhin erst gar nicht viel an wirklicher Begegnung aufkommen.

Im Grunde sind Begegnung und Nähe von unserer menschlichen Anlage ganz einfach und entstünde dies an sich auf der Erwachsenen-Ebene von Natur aus von selbst. Der Psychologe Wolfgang Schmidbauer meint in seinem Buch >Die Angst vor Nähe<:

„Nähe ist das, was zwischen Menschen entsteht, die beisammen sind und nichts gegen sie tun. Das heißt: sie ist ganz einfach. Die Vermeidung von Nähe setzt hoch entwickelte innerseelische und parallel dazu gesellschaftliche Strukturen voraus." (S. 9)

Doch wie schon erwähnt, ist es hier in der historischen Entwicklung (mangels Befähigung zu Kommunikation) zu einigen Problemen gekommen, die bis heute in der gängigen Sozialisation und „Kultur" fortbestehen:

„Aber vieles von diesen Mechanismen ist auch verinnerlicht und blockiert als eigener innerer Widerspruch die Impulse der Selbstbefreiung oft bereits vor deren Zusammenprall mit den äußeren Zwängen. Man will sich solidarisieren und muss doch aus unbewusstem Drang rivalisieren. Man will sich den anderen Menschen öffnen – und kann es nicht." [63]

Der Kommunikationspsychologe Schulz von Thun ergänzt:

„Durch Voreinander-Geheimhalten von Schwächen, Ängsten, Problemen sowie Streben nach Überlegenheit lassen sich die Distanzen nicht überwinden, die Menschen voneinander trennen.
Solidarität setzt voraus: das offene Eingestehen der ganzen Person mitsamt ihren Schwächen und so genannten Minderwertigkeiten. So erfahre ich, dass auch die anderen leiden, sich unsicher fühlen, Probleme haben, manchmal nicht ein noch aus wissen. Ich sehe: ich bin gar nicht so allein mit meinen Problemen. Die anderen sind gar nicht so fabelhaft fit, so souverän, für wie ich sie gehalten habe, und ich kann mir all die Kraftanstrengungen sparen, die notwendig waren, um meine Unterlegenheitsgefühle zu verdecken. In der Regel aber wird alles getan, um solche Erlebnisse zu vermeiden. In gemeinsamer Kraftanstrengung schaffen wir die Isoliertheit, an der wir leiden." [64]

---

[63] Horst-Eberhard Richter: Lernziel Solidarität, S. 19
[64] Friedemann Schulz von Thun: Miteinander reden, Band 1, S. 129 f.

Der Großteil dieser Probleme liegt jedoch in dem, was man als >normales Verhalten< und >Kommunikation< begreifen lernt. Das Verhalten und seine Kommunikation sind zumeist durchaus sehr sozial *gemeint*. Dass man mit der gängigen entfremdeten Art an Kommunikation gar eigentlich verletzend wirkt und damit auch echte Begegnung und Beziehungen verbaut, sieht, versteht und bemerkt man zumeist gar nicht, auch als davon selbst Verletzte/r oft nur sehr begrenzt.

In der Psychologie wurde hiervon einiges ersichtlich. Doch das, was dann verbreitet als *Encounter-* = Begegnungs- und als Selbsterfahrungsgruppe durch die Lande ging, machte vieles nur noch schlimmer. Hier haben die Erkenntnisse in Bezug auf Kommunikation völlig neue Möglichkeiten erschlossen. Es geht in Hinsicht auf eine wirkliche Begegnung nicht um >Psycho<, sondern um Begegnung. Dafür braucht es jedoch ein Verstehen von Kommunikation (tiefer reichende psychische Probleme gehören in einen eigenen Kontext).

Man kann es etwa häufig in Gesprächen erleben, dass, bevor jemand ausgesprochen hat, schon Reaktionen erfolgen. Bevor überhaupt deutlich geworden ist, was jemand im Eigentlichen *von sich* zum Ausdruck zu bringen versuchte, hat dies oft nicht nur schon ein Echo, sondern auch eine Beurteilung gefunden. Man verstrickt sich in verinnerlichten und unbewussten Mechanismen, was eine echte Kommunikation und Begegnung verunmöglicht, selbst wenn es gelingt, die Fassade zu wahren.

Hier hat die >Gewaltfreie Kommunikation< (GFK) genannte Konzeption den Vorteil, dass der Psychologe M. B. Rosenberg (als Schüler von Carl Rogers) die entscheidenden Punkte wirklicher Kommunikation in höchst überschaubarer und einfacher Form herausgearbeitet hat. Damit lässt sich verhindern, dass ständig Schritte in seinem kommunikativen Prozess übersprungen werden, was eine echte Klärung sogar bei sich selbst verhindert (s. das Beispiel unten). Was man mit Hilfe der GFK *mit der Zeit* lernen kann, ist, die inneren Prozesse *Schritt für Schritt* zu verstehen, um sie im Dialog in das richtige Verhältnis bringen zu können. Dazu ein Beispiel von Andreas aus unserer Arbeit:

„Bei einer GFK-Sitzung begann ein Teilnehmer mit der Aussage: >Ich habe das Bedürfnis, dass mein Sohn endlich auszieht!<. Nach den Einsichten der GFK handelt es sich dabei aber in dieser Form nicht um das eigentliche Bedürfnis, sondern lediglich um eine *Vorstellung* davon, auf diese Weise sein Bedürfnis erfüllen zu können. Es ist jedoch für eine wirkliche Lösung von Bedeutung, das eigentliche *Bedürfnis* zu klären, und so begannen wir damit im gemeinsamen Gespräch.

Dabei schälte sich nach und nach heraus, dass er sich in seiner Fürsorge für seinen Sohn von der inzwischen entstandenen Situation überstrapaziert fühlte. Er wünschte sich >Raum für sich selbst<. Die Formulierung >Fürsorge für sich selbst< löste bei ihm Entspannung aus. Er war sichtlich berührt und auch beeindruckt, wieder eine positive Energie zu spüren.

Später erzählte er mir, dass es in ihm sehr gearbeitet hat. Offenbar ist ihm sein Konflikt zwischen seiner Fürsorge zu seinem Sohn und seinen eigenen Bedürfnissen so deutlich geworden, dass ihm dies die Möglichkeit zur Kommunikation mit seinem Sohn eröffnete. Vorher hatte er dies nicht hinreichend geklärt bekommen. So fühlte er sich hilflos und zuletzt nur noch Wut und Ärger.“

Wo man tatsächlich Kommunikation beherrscht, da wird im Grunde zwischenmenschlich alles möglich. Da werden >Fehler< zu >Erfahrungen<. Wo eine wirkliche Kommunikation gelingt, lässt sich klären, was man miteinander wünscht, und es lassen insgesamt neue soziale Dimensionen erschließen. Selbst wenn man nicht weiter in eine persönliche Verbindung geht, wird doch eine größere Verbundenheit und Nähe erlebbar.

Solange man Kommunikation nicht wirklich versteht, werden die eigentlichen menschlichen Prozesse nicht möglich. Mit einem einzigen Seminar ist hier bei dem üblichen Stand an kommunikativem Verstehen letztlich nichts getan. Zwar lassen sich bei jedem Seminar die Grundprinzipien der >Gewaltfreien Kommunikation< vermitteln und immer wieder neue Einsichten mit dem Potential wirklicher Kommunikation gewinnen. Jede/r hat Punkte, wo er bei etwas Ruhe den Unterschied sehr gut verstehen kann. Doch angesichts der bestehenden Irrtümer bzgl. Kommunikation und der tief verinnerlichten Mechanismen bestärken einzelne Einsichten leicht den Irrtum, damit nun endlich Kommunikation zu beherrschen. Tatsächlich ist dies ein längerer Erfahrungsprozess. Wir stehen hier insgesamt erst am Anfang, nämlich einer Entwicklung einer neuen Kultur, da dies mit weitergehenden sozialen und gesellschaftlichen Auseinandersetzungen verbunden ist.

Doch die neuen Erfahrungen mit der Kommunikations-Arbeit machen Mut. Es wird eine andere Nähe und Klarheit im gegenseitigen Kontakt und auch in Hinsicht auf sich selbst möglich. Carl Rogers schreibt von seinen eigenen Erfahrungen:

„Manche meiner Erlebnisse in der Kommunikation mit anderen bewirkten, dass ich mich weiter, größer, reicher fühlte. Sie haben mein Wachstum beschleunigt. Sehr oft bei diesen Erlebnissen hatte ich das Gefühl, dass der andere ähnlich reagierte, dass auch er sich bereichert fühlte und dass seine Entwicklung und Funktionsfähigkeit vorangetrieben wurden." [65] (Es lohnt, dort weiterzulesen)

Der Psychologe M. L. Moeller hat dies in seiner empfehlenswerten Literatur zuerst für Selbsthilfe-Gruppen wie dann auch insbesondere für die Paar-Beziehung herausgearbeitet. Rogers berichtet, dass diese kommunikativen Erfahrungen selbst auf großen Kongressen wirksam werden konnten.

Die Einsichten und bisherigen Erfahrungen ergeben in der Gesamtkonsequenz, dass mit einer zureichenden Kommunikation die bestehende menschliche Entfremdung überwindbar ist und Ansätze einer Neuen Kultur möglich werden. Der bloße Gebrauch von Wörtern, so schön sie auch klingen, bleibt jedoch in dieser Hinsicht völlig hilflos.

---

[65] Carl Rogers: Der neue Mensch, S. 18 f.

Uns interessiert es im Besonderen, kommunikative Kontexte mit Leuten aufzubauen, die daran interessiert sind, sich weitergehend auf Kommunikation einzulassen.

Diese Kontexte an Kommunikations-Kultur umfassten drei grundlegende Bereiche:

- Thematische Auseinandersetzungen und Diskurse
- Formen rein persönlicher Begegnungen (Kennenlernen)
- Die Auseinandersetzung mit der Entwicklung einer Kommunikations-Kultur

Bildet Kommunikations-Gruppen!
Bildet Zellen Neuer Kultur!

S. dazu das Beispiel >Gelebte Utopie< → S. 75 ff.

Neue und interessante Impulse an Kommunikation und Verhalten ergeben sich bei gemeinsamen >**Urlauben**< in der Natur. Hier aus einem Bericht eines solchen Experiments, das speziell in Bezug auf das Geschlechter-Verhältnis ausgerichtet war:

„Dave: >[…] Aber nachdem wir alles zusammen gelebt, geschrien, Fisch gefangen und Stürme überstanden haben, seid ihr alle für mich schön. Ich bin irgendwie verwirrt darüber, dass ich das vorher nicht gesehen habe.
Wisst ihr, die Frauen, mit denen ich jeden Tag zusammenarbeite, kommunizieren nie mit mir so, wie ihr es getan habt, und auch haben wir nie irgendwelche Abenteuer des >wirklichen Lebens< geteilt. Es ist alles ein einziges Plustern und Aufblasen, Arbeit und Flirt, Krach und Hetze […].<" [66]

---

[66] aus: Aaron Kipnis & Elizabeth Herron: Wilder Frieden. Das Experiment einer neuen Partnerschaft zwischen Frauen und Männern. S. 241

Zum Beherrschen von Sprache und Denken

Die kommunikativen Probleme haben gemeinhin schon darin ihre Ursache, dass man es nicht lernt, sich die neurologischen Sprach-Aktivitäten seines Gehirns anzueignen. Dieser Mangel an Aneignung wird in der Kommunikation auffällig, doch ist es günstig verstehen zu lernen, dass diese Problematik in einem solchen Fall für seine ganze Selbststeuerung gilt.

Eine gute Methode, sich seine Sprach-Aktivitäten aneignen zu lernen, ist die nicht-sprachliche Meditation in der Art von Zen.

Die in dieser Hinsicht von Andreas Poggel angebotenen Seminare und der von ihm mitgeleitete Zen-Kreis in Wuppertal leiten sich wohl von der japanischen Tradierung ab, sind aber nicht weltanschaulich ausgerichtet. Ganz im Gegenteil geht es darum, sich von den geistig-sprachlichen und neurologisch Fixierungen und Vorstellungen zu befreien und mit der wirklichen Lebendigkeit in Verbindung zu kommen.

Bei Interesse kann Andreas auch eigene Seminare zu dieser Thematik in Verbindung mit nicht-sprachlicher Mediation durchführen.

Der Zen-Kreis Wuppertal ist eigenständig und kein Bestandteil der WNK. Doch besteht in der Person Andreas Poggel eine Verbindung zur WNK.

Zen-Kreis Wuppertal

Termine und Kontakt auf der Homepage:
www.zen-im-tal.de

4.3 Zur >Werkstatt Neue Kultur<

Andreas und ich (CR) haben uns 2017 auf die >Werkstatt Neue Kultur< als einer konzeptionellen Plattform für bestimmte Aktivitäten verständigt. Mit dieser >Werkstatt< möchten wir die Idee der >Neuen Kultur< und praktische Ansätze dafür entwickeln und verbreiten, etwa auch über Literatur, Netzwerk-Kontexte und Veranstaltungen. Wenn auch wir nicht in einem Geld freien Kontext leben, so ist diese >Werkstatt< doch nicht- kommerziell ausgerichtet.

Wie diese Schrift hoffentlich verdeutlicht, geht unser Ansatz im Praktischen insbesondere von dem Bereich Kommunikation aus. Das trifft bislang auf wenig Verstehen. Sicherlich wäre mit einigen Themen mehr Resonanz und Bekanntheit zu erreichen, deswegen aber nicht, worum es uns im Eigentlichen geht. Uns geht es nicht um Kommunikations-Psychologie an sich, sondern um ihren Nutzen zur Entwicklung einer Neuen Kultur, auch ganz persönlich. Da sehen wir, auch bei uns selbst, noch einigen Klärungs- und Entwicklungsbedarf.

Entsprechend verknüpft sich bislang unsere Hauptarbeit mit interner Arbeit und nicht zuletzt mit Bemühungen, mit für uns interessanten und relevanten Personen, Kreisen und Projekten zu einer Zusammenarbeit zu finden. Da es hierbei tatsächlich um etwas Neues geht, sind diese Bemühungen immer noch sehr aufwendig. In Bezug auf Profis besteht hier das Problem, dass hier bislang keine klareren Einkommens-Möglichkeiten bestehen, womit sie bereits zur Genüge konfrontiert sind.-

Woran *wir derzeit* im Besonderen interessiert sind, sind Verbindungen mit Leuten, die an einer intensiveren und weitergehenden Kommunikation interessiert sind, sowie an einer Zusammenarbeit mit Leuten, die für Ansätze einer >Gewaltfreien Interaktion< etwas von Theatertechniken (Übungen) verstehen.

Angebote der WNK zu (Gewaltfreier) Kommunikation

Unser derzeitiges Standard-Angebot verknüpft sich mit:

- Seminar Einführung in die GFK (ganztägig, Wochenende)
- Seminar Vertiefung zur GFK (Wochenende)
- Kursreihe Übungsgruppe GFK (z. B. 6 Abendtermine)

S. zu Terminen und Weiterem unsere Homepage unter → Angebote.

Einige Veranstaltungen finden jenseits weiterer Öffentlichkeit statt. Einzelpersonen können uns ihr Interesse an Angeboten mitteilen – wir informieren dann, wenn entsprechende Seminare usw. stattfinden. Darüber hinaus stehen wir auch für Projekte und Gruppen als Referenten oder Anleiter zur Verfügung.

Anfragen bzgl. **GFK** (und **Mediation**) an **Andreas Poggel**, bzgl. **inhaltlicher (diskursiver) Auseinandersetzungen** an mich (CR), s. → hier S. 2 oder → unsere Homepage.

Bildet Kommunikations-Gruppen + Zellen Neuer Kultur!

Wir regen an, **selbst organisierte Gruppen zu Kommunikation** und/oder **Neuer Kultur** zu bilden (z.B. als Freundeskreis oder in einem bestehenden sozialen Kontext). Dabei können wir als >Starthilfe< dienen und stehen nach unseren Möglichkeiten im Weiteren zur Unterstützung zur Verfügung (Mediation bei Konflikten, Weiterbildung, Supervision). Konditionen nach Absprache.

An Weiterentwicklungen bzgl. Kommunikation denken wir etwa an:

- Begegnungs-Treffen, -Gruppen

Unser Ansatz von >Begegnung< (Encounter) geht von der GFK aus. Auf der Basis des Verstehens der GFK bestimmen die Teilnehmer/innen die gegenseitige Begegnung miteinander selbst. Bei Begegnung/Encounter spielt die subjektive Ebene die entscheidende Rolle. Das Interesse an anderen Personen liegt unterschiedlich, und der kommunikative Zugang ist je nach Person leichter oder schwieriger. Für Fortgeschrittene bzgl. der GFK kann alles von Interesse sein, um neue Erfahrungen zu erschließen. Es können in der Kommunikation völlig neue Dimensionen entstehen, wo auf einmal ein Zugang zu einer zunächst völlig uninteressant oder auch unsympathisch erscheinenden Person und zu zunächst unverständlichen Haltungen und Verhaltensformen entsteht und ein Umgang mit Tabus und Konflikten möglich wird. Dennoch bleibt der Prozess subjektiv orientiert. Es können daraus weitergehende Verbindungen entstehen oder auch (erstmal) nicht. Mit einem weitergehenden Kommunikations-Netzwerk (→ S. 113) bestehen jedoch potentielle Perspektiven für alle.

Je nach Vorerfahrung bzgl. GFK sollte der erste Anfang begleitet sein. Wenn man in einen tauglichen kommunikativen Prozess miteinander gekommen ist, kann er von den Teilnehmern nach eigenem Interesse mit Erfolg weitergeführt werden.

- Kommunikative Treffen mit Aufhänger

Diese >kommunikativen Treffen< können von einem Vortrag, einer Person, einem Buch, einem Thema, einem Film, einer Kunst-Ausstellung usw. ausgehen, wie es das bereits in den verschiedensten Kontexten gibt. In unserem Kontext wird dies entweder mit dem Komplex der >Neuen Kultur< oder aber als ein Moment in einem bestimmten Rahmen an >Kommunikations-Kultur< in Verbindung stehen. Solche Veranstaltungen haben hier gegenüber anderen Angeboten den *gezielten* Sinn, in inhaltlicher Hinsicht das Verstehen des kommunikativen Gebrauchs erweitern oder auch emotionale Impulse für eine Weiterentwicklung an Kommunikation bieten zu können. Dies überschneidet sich mit der diskursiven Kommunikation, richtet sich aber **primär** auf die Entwicklung der kommunikativen Fähigkeiten und einer Kommunikations-Kultur aus.

- Diskursive Kommunikation

Die >Diskursive Kommunikation< geht von interessierenden Themen und Diskussionen aus, achtet aber hierbei nachdrücklich auf die Aufnahme der Teilnehmer/innen und den kommunikativen Prozess.

Auf der entwickelteren Ebene sollen hiermit Themen und Diskurse ausgenommen werden, die bislang gesellschaftlich von Tabus, Kontroversen, Konflikten und Unterentwicklung gekennzeichnet sind. Es geht hierbei darum, Konfliktfähigkeit, einen Umgang mit bisherigen Tabus und eine menschlich fähige Kommunikation auch bei heiklen konträren Positionen zu lernen. Dies ist sowohl für eine fortschrittliche gesellschaftliche Entwicklung von Bedeutung als auch dafür zu verhindern, dass Konflikte mit der Zeit zu Gewaltproblemen eskalieren.

Als solch ein Tabu- und Konflikt-Bereich können Sexualität und das Geschlechter-Verhältnis bezeichnet werden. So stehen einer zunehmenden Sexualisierung zunehmende Schwierigkeiten im Geschlechterverhältnis gegenüber (einer zunehmenden sexuellen Libertinage eine zunehmende Single-Existenz und eine zunehmende Aggression auf diese Libertinage usw.). Von meinen Erfahrungen auf den verschiedensten Ebenen sehe ich (CR) einen dringenden Bedarf, auf diesem Gebiet Kommunikation zu entwickeln (s. auch weiter unten).

Unsere Gesellschaft ist (von Anfang der historischen Entwicklung an) voller Konflikt-Felder, doch wird dies seit je her mit einer Tabuisierung und zur Not auch einer weitergehenden Unterdrückung der Konflikte aufgenommen (was auch zwangsläufig ist, wenn man diese Konflikte nicht in menschlich fähiger Kommunikation aufnehmen kann). Solche Konflikte bestehen z.B. im politischen Bereich (gerade auch *innerhalb* der linken und alternativen Bewegungskontexte), zwischen Militär und >Pazifismus<, zwischen Militanten und >Gewaltfreien< usw. An Themen und Aufgaben-Gebieten für eine Kommunikations-Kultur mangelt es nicht. Das Gegenteil ist *das* Problem – das aber, wenn man die Explosion vermeiden will, anzugehen ist und dadurch reduziert wird.

Weitere kommunikative Bereiche:

- **unsere Verhältnisse und die persönliche Situation**
  (Ökonomie, Kriegsgefahren, Klima-Probleme, Kinder-
  Frage, Engagement und private Bedürfnisse usw.)

- **Kommunikation und nicht-sprachliche Meditation**
  Die nicht-sprachliche Meditation, wie sie u. a. im **Zen**
  geübt wird, ist bestens dazu geeignet, unsere >innere
  Wortmaschine< zu begreifen, der wir u.a. auch in
  Sachen Kommunikation leicht zum Opfer fallen
  (s. auch → S. 104).

Folgende an sich höchst interessante Bereiche sind für uns im
Augenblick eher noch Zukunftsmusik:

- **Kommunikation in *akuten* sozialen u. kulturellen
  Konfliktfeldern**
  (Kriminelle und politisch motivierte Gewaltprobleme;
  aggressiver religiöser Fundamentalismus (nicht bloß
  Islamismus); sinnvolle wirksame Widerstandsaktionen
  gegenüber politischer und wirtschaftlicher Machtpolitik
  usw.)

- **Die >Gewaltfreie Interaktion< (GFI)**
  Die Konzeption der >Gewaltfreien Kommunikation< ist
  ein bedeutsamer Ansatz. Ihre bisherige Praxis bleibt in
  D bislang sehr anfänglich. Unsere Konzeption der GFI
  weitet dies mit Hilfe von Techniken der Theater-Päda-
  gogik auf den Bereich der Verhaltensformen aus. Die
  GFI ist eine Weiterentwicklung des >Theaters der Un-
  terdrückten< (Augusto Boal) und der Ansätze des
  >Gewaltfreien Trainings<. Es hat sich jedoch bei den
  früheren Versuchen gezeigt, dass es dafür ein gutes
  Verständnis an echter Kommunikation bedarf, um mit
  den Gruppendynamiken usw. umgehen zu können.

Anregung zum Aufbau eines Netzwerkes

von **Kommunikations-Gruppen** und ggf. einer Organisation bzgl. einer Kommunikations-Kultur

Uns erscheint die Entwicklung einer Art sozialer Bewegung bzgl. einer echten Kommunikations-Kultur als wünschenswert. Mit einem Netzwerk können ein höheres Niveau erreicht und weitere Kontexte entwickelt werden, u. a. auch für Personen, die in ihrer Umgebung keine (passenden) Möglichkeiten finden. Ggf. ist es sinnvoll, für solch ein Netzwerk eine gewisse institutionelle Form zu schaffen (Homepage, Bundes- und regionale Treffen).

Zum einen können solche Treff-Möglichkeiten eine bessere Chance zu einer Weiterentwicklung in der kommunikativen Praxis schaffen. Zum anderen könnten solche Treffen erfreuliche Möglichkeiten zu Begegnungen auf einem höheren kommunikativen Niveau sein.

Diese Idee geht von dem Ansatz der Selbst-Organisation aus. Es muss auch andere Kontexte als Lehrer-Schüler-Angebote geben, sonst bleibt die Entwicklung der Kommunikations-Kultur auf der Strecke. Allerdings ist hierbei auch ein gut strukturierter Zugang nötig, um nicht in die Problematik von **Über-** und **Unterforderungen** zu geraten, in der man sich gegenseitig behindert.

Es widerspricht dem Ansatz der Selbst-Organisation nicht, hier und dort professionelle Angebote einzubeziehen – nur ginge die Initiative dazu insgesamt von >unten< aus.

Wir werden diesen Vorschlag hier und da einreichen. Interessenten melden sich bitte bei der WNK.

Tanz- und Theater-Techniken bieten mit Szenarien, Rollen, Masken-bildnerei und Kontakt-Improvisation vielfältige Möglichkeiten für Experimente und Erfahrungen mit Kommunikation und Interaktion. Hier rechts CR vor einer Aufführung 1993.

Wir sind daran interessiert, den Bereich einer >**Gewaltfreien Interaktion**< zu entwickeln, wo der Ansatz der Gewaltfreien Kommunikation um Auseinandersetzungen mit Verhaltensfor-men erweitert wird (etwa auch als Grundlage des Gewaltfreien Aktionstrainings). Dafür suchen wir eine **Zusammenarbeit mit Leuten, die etwas von Theater-Übungen verstehen, so zur Anleitung von spielerischen Elementen.**

Literatur und Hinweise

Es seien hier nur ein paar Hinweise zu Infos und Literatur geboten, sofern sie nicht bereits unter der >Zitierten Literatur< gelistet ist. Insgesamt ergeben sich viele weitere Hinweise, die in Bezug auf eine Neue Kultur von Bedeutung sind, waren oder sein könnten: im Rahmen von Geschichte, Ethnologie, Humanwissenschaften wie Psychologie und im kulturellen Bereich wie u.a. H.D. Thoreau, William Morris, Rudolf Steiner, der Expressionismus, Jugendstil, Bauhaus, Künstler wie van Gogh, Paul Gauguin, Hundertwasser usw. Etliches findet sich auch in Biographien. Persönlich finde ich die unterschiedlichsten Ansätze und Experimente anregend. Man mag dazu im Internet, in Bibliotheken und Buchhandlungen stöbern. Hier soll keine erschlagende Literatur-Liste aufgestellt werden.

Utopische Entwürfe

B.F. **Skinner**: Futurum Zwei (Walden Two), Die Vision einer aggressionsfreien Gesellschaft, Reinbek 1972

Ernest **Callenbach**: Ökotopia, Berlin 1978

Aldous **Huxley**: Eiland. (London 1961), Piper München 1973

p.m.: bolo'bolo. Endgültige Ausgabe, Verlag Paranoia City, Zürich, 1990

P.M. und Freunde: Olten – Alles Aussteigen, Ideen für eine Welt ohne Schweiz, Paranoia City Verlag, CH-Zürich, 1990

Theorie + Geschichte utopischer Projekte und Versuche

Marie Louise **Berneri**: Reise durch Utopia, Berlin 1982

Ferdinand **Seibt**: Utopica – Zukunftsvisionen aus der Vergangenheit. Aktualisierte Neuausgabe Orbis Verlag München, 2001

Time-Life Bücher: Visionen und Utopien, Eco Verlag Köln 1999

Hellmut G. **Haasis**: Spuren der Besiegten 1, Reinbek 1984

Gernot **Lennert**: Die Diggers - eine frühkommunistische Bewegung in der englischen Geschichte, Grafenau 1986

Helen & Scott **Nearing**: Ein gutes Leben - Gegen den Strom, Reinbek 1984
Scott **Nearing**: Ein Leben gegen den Strom. Autobiographie, Schaafheim 1972

Peter **Maffay**: Hier und Jetzt: Mein Bild von einer besseren Zukunft, Köln 2020

Günter **Zint** (Hg.): Republik Freies Wendland. Zweitausendseins, Frankfurt/M 1980

Ulf Erdmann **Ziegler**: Nackt unter Nackten. Utopien der Nacktkultur 1906 – 1942, Herrsching, 1992

Martin **Buber**: Der utopische Sozialismus, Köln 1967

Ernst **Bloch**: Das Prinzip Hoffnung. 3 Bände (1959) suhrkamp taschenbuch wissenschaft, Frankfurt/M, 6. Auflage 1979
- enthält einen >**Abriss der Sozialutopien**<

Christoph **Besemer**: Zurück zur Zukunft? Utopische Kommunen, Anspruch und Wirklichkeit, Auswertung historischer Erfahrungen, Berlin 1981

Rolf **Goetz**: Von der Landkommune zur Dorfgemeinschaft. Ökologische Modelle zwischen Anarchie und Spiritualität, Herford, 1980

Dieter **Korzak**: Neue Formen des Zusammenlebens, Erfolge und Schwierigkeiten des Experiments >Wohngemeinschaft<, (Fischer Verlag), Frankfurt/M. 1979

Johann August **Schülein** (Hg.): Kommunen und Wohngemeinschaften – Der Familie entkommen? Eine Textsammlung, (Focus Verlag), Gießen 1978, 2. Aufl. 1979

Sonstiges

- soweit nicht in der Liste der zitierten Literatur (s.u.)

Erich **Fromm**: Haben oder Sein, Die seelischen Grundlagen einer neuen Gesellschaft, 1979,24. Aufl. 1995

Alexander **Lowen**: Der Verrat am Körper. Der bioenergetische Weg, die verlorene Harmonie von Körper und Psyche wiederzugewinnen, Reinbek 1982

Michael Lukas **Moeller**: Worte der Liebe, Erotische Zwiegespräche – Ein Elixier für Paare, rororo, Reinbek bei Hamburg, (1996) 1998, 10. Auflage 2011

Ivan **Illich**, Selbstbegrenzung, Eine politische Kritik der Technik, >Tools for Conviviality<, Reinbek 1975; 1980
ein in den 1970ern bedeutendes Werk

Württembergischer Kunstverein: **Exotische Welten** – Europäische Phantasien, Edition Cantz, Stuttgart 1987 (mit einigen Ausstellungen in Stuttgart 1987) - enthält eine Menge Material zu dem Komplex Utopie - Kolonialismus

Institut für Auslandsbeziehungen (Stuttgart) & Shuichi **Kato**: Geheimnis Japan. VGS Verlagsgesellschaft, Köln 1992 - hier nur als ein Beispiel zu Ethnologie, Kulturgeschichte und kulturelle Impulse

Chögyam **Trungpa**: Das Buch vom meditativen Leben, Die Shambala-Lehre vom Pfad des Kriegers zur Selbstverwirklichung im täglichen Leben [Shambala, The Sacred Path of the Warrior, 1984], Reinbek 1991

Joachim-Ernst **Berendt**: Nada Brahma. Die Welt ist Klang. (Frankfurt/M 1983), rororo Reinbek bei Hamburg, 1983, 1997

Auch so ein Buch wie „Allein in der Wildnis" *von* Anne **LaBastille** (1988; 990, 1994) *liefert interessante Aspekte.*

Zitierte Literatur

Emmanuel **Anati**: Höhlenmalerei, (1997), Düsseldorf 2002

Bärbel **Auffermann** & Gerd-Christian **Weniger** (Hg.): Frauen - Zeiten - Spuren, Neanderthal-Museum, Mettmann 1998

Joachim **Bauer**: Prinzip Menschlichkeit. Warum wir von Natur aus kooperieren (2006), TB: Heyne, München, 2014 [7]

Else **Bramesfeld** u.a. (Hg.): Gelebte Utopie – Aus dem Leben einer Gemeinschaft. Nach einer Dokumentation von Dore Jacobs, Klartext Verlag, Essen 1990   (s. → S. 75 ff.)

Göran **Burenhult** (Hg.): Illustrierte Geschichte der Menschheit, (Hamburg) Augsburg 2000

Allan Aubrey **Boesak**: Unschuld, die schuldig macht, Eine sozialethische Studie über Schwarze Theologie und Schwarze Macht, Hamburg 1977

Bill **Bryson**: Eine kurze Geschichte der alltäglichen Dinge, (Original London 2010) Goldmann Verlag München 2011

Ulrich **Chaussy**: Die drei Leben des Rudi Dutschke, Eine Biographie, (Darmstadt, Neuwied 1983), Frankfurt/M, 1985

Henning **Christoph**, Klaus E. **Müller** & Ute **Ritz-Müller**: Soul of Africa - Magie eines Kontinents, Köln 1999

Ronald **Daus**: Die Erfindung des Kolonialismus, Wuppertal 1983

Rudi **Dutschke**: Mein langer Marsch. Reden, Schriften und Tagebücher aus zwanzig Jahre, hg. von Gretchen Dutschke-Klotz, Hellmut Gollwitzer und Jürger Miermeister, Reinbek, 1980, 1981

Mircea **Eliade**: Geschichte der religiösen Ideen, Freiburg, Basel, Wien, Band I: (1978). 1990[6], Band II 1979

Friedrich **Engels**: Herrn Eugen Dührings Umwälzung der Wissenschaft („Anti-Dühring"), Dietz Verlag Berlin (DDR) (1948), 15. Auflage 1970 (ursprünglich 1877 in Zeitungsartikeln erschienen, erste Buchform 1878)

Brian **Fagan**: Die Eiszeit – Leben und Überleben im letzten großen Klimawandel, Theiss Verlag Stuttgart, 2009

Erich **Fromm**: Die Kunst des Liebens. Großdruck Frankfurt/M, Berlin 1989
Erich **Fromm**: Leben zwischen Haben und Sein, (hg. von Rainer Funk), Freiburg, Basel, Wien, 1993
Erich **Fromm**: Vom Haben zum Sein. Wege und Irrwege der Selbsterfahrung (hg. von Rainer Funk), Weinheim, Basel 1989, 1991[4]

Jostein **Gaarder**: Sofies Welt. Roman über die Geschichte der Philosophie. Dtv Verlag München, 1998, TB 2000, 25. Auflage

GEO Wissen: Die Evolution des Menschen. Wie wir wurden, was wir sind. Heft September 1998, Hamburg 1998

Johannes **Hirschberger**: Kleine Philosophiegeschichte, Freiburg i.br. 1961, 20. Aufl. 1987

Georg **Holmsten**: *Jean-Jacques Rousseau*, Reinbek,1972, 1997

Johan **Huizinga**: Homo Ludens, Vom Ursprung der Kultur im Spiel, Hamburg, (1956), 1981

Gerald **Hüther**: Was wir sind und was wir sein könnten – Ein neurobiologischer Mutmacher, S. Fischer Verlag Frankfurt/M 2011; Fischer Taschenbuch 2013, 2017 [8]

Gerald **Hüther** & Christoph **Quarch**: Rettet das Spiel! Weil Leben mehr als Funktionieren ist. Hanser Verlag München, 2016

Aaron **Kipnis** & Elizabeth **Herron**: Wilder Frieden. Das Experiment einer neuen Partnerschaft zwischen Frauen und Männern, Frankfurt/M 1995

Wighart von **Koenigswald** & Joachim **Hahn**: Jagdtiere und Jäger der Eiszeit, Fossilien und Bildwerke, Stuttgart 1981

Martin **Kuckenburg**: Wer sprach das erste Wort? Die Entstehung von Sprache und Schrift. Konrad Theiss Verlag Stuttgart 2004

Robert **Landmann**: Ascona Monte Veritá. Auf der Suche nach dem Paradies, Frankfurt/M, Berlin, Wien, 1979

Roger **Lewin**: Spuren der Menschwerdung. Die Evolution des Homo sapiens, Heidelberg 1992

Aljoscha **Long** & Ronald **Schweppe**: Praxisbuch NLP. Südwest-Verlag München 2014, 2. Auflage 2016

John **McCrone**: Als der Affe sprechen lernte. Die Entwicklung des menschlichen Bewusstseins, Frankfurt/M 1992

William H. **McNeill**: Krieg und Macht. Militär, Wirtschaft und Gesellschaft vom Altertum bis heute, München 1984

Michael Lukas **Moeller**: Die Wahrheit beginnt zu zweit. rororo Reinbek 1992, 34. Auflage 2014

Michael Lukas **Moeller**: Gelegenheit macht Liebe. Glücksbedingungen in der Partnerschaft. Rowohlt, rororo, Reinbek bei Hamburg 2000

Lewis **Mumford**: Mythos der Maschine, Kultur, Technik und Macht, Die umfassende Darstellung der Entdeckung und Entwicklung der Technik, Frankfurt/M 1977, 1986

Herfried **Münkler**: Machiavelli, Die Begründung des politischen Denkens der Neuzeit aus der Krise der Republik Florenz, Frankfurt/M 1982

M. Scott **Peck**: Gemeinschaftsbildung – Der Weg zu authentischer Gemeinschaft. (Or. 1984 New York), eurotopia Buchversand, Sieben Linden, Beetzendorf, 2. überarbeitete Auflage 2011

Jan **Peters** (Hg.): Die Geschichte alternativer Projekte von 1800 bis 1975, Berlin 1980

Josef H. **Reichholf**: Das Rätsel der Menschwerdung. Die Entstehung des Menschen im Wechselspiel mit der Natur. Stuttgart (München) 1990   (Lizensausgabe)

Horst Eberhard **Richter**: Lernziel Solidarität (1974), Reinbek 1979, 1982
Horst Eberhard **Richter**: Flüchten oder Standhalten, Reinbek 1976

Carl R. **Rogers**: Der neue Mensch (A Way of Being, Boston 1980), Klett-Cotta, Stuttgart 1981, 10. Aufl. 2015

Marshall B. **Rosenberg**: Gewaltfreie Kommunikation, Eine Sprache des Lebens, Junfermann-Verlag Paderborn, 2001, 8. Auflage 2009

Marshall B. **Rosenberg** & Gabriele **Seils**: Konflikte lösen durch Gewaltfreie Kommunikation. Herder Verlag Freiburg, Basel, Wien 2004

Christoph **Rosenthal**: Vielleicht ist der Friede nicht billiger zu haben - Über eine totale Kriegsdienstverweigerung, Göttingen, 1982

Oliver **Sacks**: Der Mann, der seine Frau mit einem Hut verwechselte, Rowohlt Taschenbuch Verlag, Reinbek bei Hamburg 1990 (1994

Saeculum Weltgeschichte, hg. von Herbert Franke u.a., Freiburg, Basel, Wien 1965

Wolfgang **Schmidbauer**: Die Angst vor Nähe, Reinbek 1985

Friedemann **Schulz von Thun**: Miteinander Reden (Band 1), Rowohlt Taschenbuch-Verlag, Reinbek bei HH, 1981 (52. Auflage 2015)

Manfred **Spitzer**: Lernen: Gehirnforschung und die Schule des Lebens. Spektrum Akademischer Verlag Heidelberg – Berlin, (2002), korrigierter Nachdruck 2003

Verena **Stefan**: Häutungen, München 1975, 1981

Henry David **Thoreau**: Walden, oder Leben in den Wäldern, Zürich 1979

Literatur von Christoph W. Rosenthal

zu Humanevolution, Geschichte und Sprache

- **Die Humanevolution war ganz anders** – Eine überfällige Revision. 2018, aktuelle Version *1.1* 2019
- **Zur Evolution von Selbststeuerung, Liebe, Kommunikation & Kultur.** 2021
- **Kulturologie** - Die Wissenschaft bzgl. der Software-Struktur des Menschen. 2023

- **Die kopernikanische Wende unseres Weltgeschichts-Bildes.** 2018, aktuelle Version *1.2* 2023
- **Die Mesolithische Revolution** – die Begründung der historischen Entwicklung. 2021
- **Historiologie.** Die Wissenschaft bzgl. der Systematiken der historischen Entwicklung und ihrer Effekte für die menschliche Existenz. 2023

- **Cûl Tura: Die Entzifferung und Rekonstruktion der ursprünglichen Sprache des Menschen**

Band 1: Die ursprüngliche Sprache des Homo sapiens. 2021
Band 2: Der Ursprung unserer Wörter. 2021
Band 3: Ursprachlich und frühgeschichtlich orientiertes Herkunftswörterbuch des Deutschen. 10/2024
Band 4: Was eigentliche Sprache ist. Zur Evolution von Sprache und zur historischen >babylonischen Sprachverwirrung<. 2023
Band 5: Vom Wunder und Abenteuer des Lebens. 2024
Band 6: >Frau Holle und der Drache von Lascaux<. Zur Entzifferung der eiszeitlichen Symbolik und Sprache des Homo sapiens. 2021
Band 7: Mebuntu: Die erste historische Sprachform. 2021
Band 8: Wörter: Evolution und Geschichte. 10/2024

www.christoph-w-rosenthal.de

Edition Neue Kultur

Materialien zu Geschichte und der Neuen Kultur

Ein Label der **Werkstatt Neue Kultur** (WNK)
www.werkstatt-neue-kultur.net

Werkstatt Neue Kultur

Telotopia

Ein kulturarchitektonischer Entwurf einer
wünschenswerten Kultur der Zukunft
erschienen 2023 in verschiedenen Fassungen

WNK-Schriften
Hg. Andreas Poggel & Christoph W. Rosenthal

No.1 Sprache beherrschen
No.2 Kommunikation
No.3 Zur Neuen Kultur

www.edition-neue-kultur.de